Francis Fulton-Smith
Loving se Germans

W0087063

Francis Fulton-Smith

Loving se Germans

Mein Leben zwischen Bayern und Briten

Unter Mitarbeit von
Christoph Leischwitz

ullstein extra

Ullstein extra ist ein Verlag der Ullstein Buchverlage GmbH
www.ullstein-extra.de

ISBN 978-3-86493-041-6

2. Auflage 2017
© Ullstein Buchverlage GmbH, Berlin 2017
Alle Rechte vorbehalten
Abbildungen im Innenteil: Francis Fulton-Smith
Lektorat: Berrit Barlet
Gesetzt aus der Quaadrat
Satz: LVD GmbH, Berlin
Druck und Bindung: CPI books GmbH, Leck
Printed in Germany

In Liebe für meine Töchter Joliene und Audrey
und meine Eltern, die mir Wurzeln und Flügel
schenkten, um zu werden, wer ich heute bin.

Inhalt

Wer bin ich – und wenn ja, wie viele?

Ein Prolog

Einer meiner Lieblingswitze geht so: Treffen sich zwei Produzenten am Flughafen. Fragt der eine: »Sag mal, kennst du nicht einen guten Schauspieler für meinen neuen Film?« Sagt der andere: »Klar! Nimm doch den Soundso!« Drauf der eine: »Was, der? Der ist doch immer anders ...!«

Manchmal beschleicht mich das Gefühl, die Deutschen lieben es, in Schubladen zu denken. Das ist nicht mein Ding.

Als ich in meiner Jugend ein Buch über die Pubertät in die Finger bekam, fragte ich meine Mutter, was denn der Sinn der Pubertät sei, und sie antwortete mir: »Du musst lernen, deine Grenzen zu überschreiten, damit du später deinen Platz in der Gesellschaft findest.«

Mein Vater sieht es ähnlich. »Wir sind Engländer! Wir schreiten immer aufrecht voran, und am Ende heißt es ›Last Man Standing‹!«

Beide Sätze trugen mich durch meine Kindheit und Jugend. Bis heute hallen sie in mir nach, und ich ertappe mich manchmal dabei, wie ich meinen beiden Kindern dieselbe Botschaft beibringe. Ich glaube, es geht im Leben nicht nur um Werte und Zivilisation. Klar, beides ist enorm wichtig, weil das tragende Säulen unserer Gesellschaft sind. Aber es kommt eben immer auch darauf an, das Gewohnte zu durchbrechen, das Bekannte in Frage zu stellen. Das ist ja auch eine Frage der Charakterbildung. Der großartige Ödön von Horváth hat es auf den Punkt gebracht: »Wenn nur noch der Gehorsam gefragt ist und nicht mehr Charakter, dann geht die Wahrheit, und die Lüge kommt!«

Tja, Grenzen und ihre Überschreitung ... Zum Beispiel habe ich mein ganzes – nein, mein halbes Leben darunter gelitten, dass ich in England immer der Deutsche und in Deutschland immer der Engländer war. Es lag mir dabei immer völlig fern, irgendein Urteil darüber zu fällen, welche Nation womöglich die bessere sei – das interessiert mich gar nicht und ist auch gar nicht möglich. Wir leben alle auf demselben Planeten, rasen mit 29,78 Kilometern pro Sekunde durchs All. Das sind umgerechnet 108 000 km/h, und hoffen wir mal, das geht noch eine Zeitlang gut. Wie wichtig sind da jedwede Kleinstaatereien? Oder ob man schwarz, weiß, gelb oder rot ist?

Ich bin Schauspieler. Vielleicht sogar, im positiven Sinne, ein Träumer. Ich versuche mein Bestes als Hüter der gepflegten Sprache und Wanderer zwischen den Kulturen. Während meiner Internatszeit fing ich erstmals an, meine Gedanken in Gedichtform zu verklausulieren (und selbige wie einen Schatz zu hüten). Über die Jahre hinweg traten dann immer wieder Menschen an mich heran und meinten, ich könne all die Themen, über die ich mich gerne im Freundeskreis austausche, endlich einmal in ein Buch packen: etwa Philosophie, Erziehung, Kochen, Kunst, Sport – und natürlich auch Politik.

Politik – das ist eigentlich vermintes Gelände in so einem Intro. Aber als »bayerischer Engländer« komme ich ja gar nicht drum herum, zuzugeben, dass ich immer noch unter Schock stehe – natürlich wegen des Brexit! Am Morgen nach dem Referendum in Großbritannien, angezettelt durch zwei verzogene Eaton Boys, fiel ich aus allen Wolken, und mir schoss ein Sonett von William Shakespeare durch den Kopf: »Mine eye and heart are at a mortal war, how to divide the conquest of thy sight ...« – Zu Deutsch: »Mein Herz und Auge sind sich tödlich Feind, die sich um den Vollbesitz beneiden ...«

Ich hatte am Vorabend in der Sendung »Maischberger« zum Thema Brexit noch gewitzelt, die Engländer seien immer für einen Scherz gut. Ich hatte da wohl so ein Bauchgefühl. Aber als ich kurz nach ein Uhr nachts zu Bett ging, erschienen die ersten Berichte eher beruhigend. Und dann das! Plötzlich hieß es: »We are out!«

Schlagartig wurde ich von meiner eigenen Geschichte eingeholt. Ich bin jetzt 51. Bis dato dachte ich: Engländer, Deutscher oder Bayer ... egal! Wir sind alle Europäer! An diesem Morgen wurde mir klar: Wenn die Engländer Ernst machen und die Europäische Union verlassen, werde auch ich mich entscheiden müssen, auf welcher Seite ich stehe, wer ich wirklich bin. Noch an jenem Morgen habe ich beschlossen, die deutsche Staatsbürgerschaft zu beantragen. Weil ich ein überzeugter Europäer bin.

Engländer und zugleich Deutscher zu sein – an guten Tagen ist das für mich so, als hätte ich zwei Stühle, und für die jeweilige Lebenslage wähle ich einfach den bequemeren.

In Deutschland sagt man »Vaterland« – in England »Mother Country« oder »Homeland«. Für mich trifft es »Heimat« eigentlich am besten. Die Tatsache, dass sich die Engländer (darunter leider auch Teile meiner Verwandtschaft) im Brexit-Votum für »Leave« entschieden haben, hat mich nicht nur schwer schockiert; es hat auch dazu geführt, mich erneut mit meinen Wurzeln zu befassen: den englischen wie den deutschen.

Mittlerweile bin ich als in Deutschland lebender Engländer quasi zu einem Botschafter für deutsches Kulturgut geworden. Im März 2017 war ich im Rahmen der Berlinale zu einer Veranstaltung in der britischen Botschaft eingeladen. An jenem Abend fragte mich der Botschafter, ob ich nächste Woche nicht einem kleinen, aber feinen Jazzkonzert in seiner Privatvilla beiwohnen möchte. Es spielte das britische Jazz Youth Orchestra, das an diesem Abend zur Hälfte aus deutschen Musikern bestand. Wirtschaftsbosse, führende Leute aus Kunst, Kultur und Politik waren da.

An jenem Abend sprach mich ein Brigadegeneral an. Es sei ja bald die Sicherheitskonferenz in München, und der britische Verteidigungsminister, Michael Fallon, sei ein großer Fan von Kirchen- und Orgelmusik. Er bat mich, für ihn in München mit seinen vielen prachtvollen Kirchen einen Besuch zu arrangieren. »Aber natürlich, ich kümmere mich darum«, sagte ich auf Englisch, es war mir eine Ehre.

Ein Organist und Domvikar spielte dann höchstpersönlich ganze zwanzig Minuten für Fallon in der Frauenkirche, und ich wurde im Gegenzug zur Sicherheitskonferenz eingeladen – genauer gesagt, ich durfte mit Fallons Entourage zu Mittag essen.

Es war gar nicht so leicht, in das Sperrgebiet um die Konferenz hineinzukommen. Ein schöner Zufall wollte es dann, dass unverhofft ein befreundeter hochrangiger LKA-Beamter auftauchte und fragte, was ich hier wolle. Ich erklärte ihm die näheren Umstände, und so wurde ich buchstäblich mit

Polizeischutz hineingeführt. Im H'ngo's am Promenadeplatz angekommen, konnte ich nur über den Hintereingang hinein, weil ich eben keinen Sicherheitsausweis dabeihatte. Doch selbst im Restaurant wurde noch dreimal gefragt, wer ich denn sei und was ich hier mache. Ich sagte, ich würde kurz den Brigadegeneral anrufen, um den Sachverhalt zu klären. Natürlich war die Mailbox dran, und die Situation entwickelte sich allmählich von Karl Valentins »Buchbinder Wanninger« zum Loriot'schen »Das Bild hing schief«. Zum Glück betrat in dem Moment, als die Beamten zu Recht im Begriff waren, die Geduld mit mir zu verlieren, die Entourage der Engländer das Restaurant! Mein Freund, der Brigadegeneral, sah mich und rief den Agenten zu: »He's with us.«

Einige Deutsche, die mich kannten, sendeten fragende Blicke. Was hat denn der Fulton-Smith mit der Sicherheitskonferenz zu tun?

Ja, was war meine Aufgabe? Die Antwort ist natürlich: Nichts! Ich leistete lediglich einen winzigen Beitrag, den bayerisch-britischen Austausch auf kultureller Ebene zu pflegen. Das ist in politisch brisanten Zeiten wahrscheinlich noch wichtiger als sonst: auf die Gemeinsamkeiten in der Kultur hinzuweisen, anstatt die Gegensätze hervorzuheben. Abgesehen davon, dass mir Mitarbeiter aus dem Stab des Verteidigungsministers zu verstehen gaben, was sie persönlich vom Brexit hielten und was aus ihrer Sicht für Konsequenzen auf ihr Land zukommen würden. So viel kann ich sagen: Einige von ihnen waren *not amused*. Allein die Frage, wie man künftig mit der irisch-nordirischen Grenze verfahren müsse – lange blutig umkämpft, endlich befriedet, und jetzt alles für die Katz? Die Vorstellung, dass Irland EU und Nordirland Nicht-EU ist, klingt absurd. Oder sollten wir es wie dieser Typ in Washington machen? Wir bauen eine Mauer, und die Afrikaner zahlen dafür? Ein Bekannter meinte lakonisch: »It's going to get a bit bumpy!« Hoffentlich kommen wir bei diesem Rodeo nicht alle unter die Hufe ...

Was bedeutet der Brexit nun für mich, für meine Wurzeln? Goethe nennt es »des Pudels Kern«, Shakespeare »To be or not to be?« Das ist die Question oder – um noch einmal mit Goethe zu sprechen – die »Gretchenfrage«. Ich lade Sie ein, mit mir auf die Reise zu gehen zwischen Bayern und England und durch mein Leben. Es geht um nicht weniger als Pomp and Circumstances und die Nachfahren der Dichter und Denker. Um Snobs und »Mia san mia« oder die Frage, ob »der Bua« erwachsen werden soll ... und so vieles mehr, was einen beim drüber Nachsinnieren mal zum Schmunzeln, mal zum Nachdenken oder Stirnrunzeln bringt. Abgesehen von dem politischen Weckruf, mit dem ich plötzlich konfrontiert wurde, geht es mir darum, zu zeigen, wie sehr ich immer noch von Deutschland *und* von England geprägt bin. Wie ich zwischen den Welten wandle. Und dass ich »se Germans« liebe, dass hier trotz allem meine mir ans Herz gewachsene Heimat liegt.

Kochduell: England vs. Deutschland

Vom Essen und Trinken

Die Schnapsklappe ist ein hübsches Ritual. Jeder ist mal dran, eine Runde auszugeben, wenn auf der Klappe drei Mal die gleiche Zahl für »Szene«, »Einstellung« und »Versuch« steht. Was dann ausgegeben wird, ist nicht zuletzt eine Typfrage. Manche Kollegen und Kolleginnen spendieren zum Beispiel eine Runde Antipasti. Doch es soll am Filmset auch noch Kollegen alter Schule geben, die tatsächlich eine Flasche Schnaps hinstellen.

Wenn ich dran bin, dann koche ich gerne für das gesamte Team. Bei den Dreharbeiten zu »Familie Dr. Kleist« ist das mittlerweile zu einem alljährlichen kulinarischen Selbstläufer geworden. Mit den Produzenten habe ich eine Art Modus vivendi ausgehandelt: Sie zahlen alle Zutaten, und ich darf aufkochen. Knapp zwanzig Stunden stehe ich dann mit meinem Kumpel (und Trauzeugen) Klaus Jähne in der Küche des Hotels, in dem wir während der Drehzeit wohnen, auf zwei Tage verteilt. Das ist es mir wert, und soweit ich es beurteilen kann, wird das Essen auch wertgeschätzt. »Da musst du hinkommen«, wird den Neuen im Team zuweilen gesagt. Alle ziehen sich dann ein bisschen schicker an, es wird meist ein toller

Abend. Ich kredenze zum Beispiel getrüffeltes Rindergulasch mit Steinpilzen und selbstgemachten Semmelknödeln. Manchmal auch etwas gewagter, beispielsweise Spinatsuppe mit frittierten Weinbergschnecken – immerhin ein Rezept des Sterne-Kochs Dieter Müller! Letzteres ist vielleicht zunächst nicht jedermanns Sache, aber ich freue mich, wenn der Effekt eintritt, bei dem der Probierende nach der ersten Überwindung sagt: »Boah! Ich hätte ja nie gedacht, dass das soooo lecker schmeckt ...« Großartig ist auch ein Rezept meines guten Freundes Holger Stromberg: weißer Heilbutt und Oliven-Krokant an Orangenpfeffer-Sauce und Blattspinat. Aber um das kurz klar zu stellen, es geht auch eine Etage tiefer: Ein Bauernbrot mit selbstgemachtem Griebenschmalz kann immer eine Offenbarung sein!

Gemeinsames Essen fördert nicht nur das Miteinander, es bringt uns auch dem Lagerfeuergefühl näher, nach dem sich wohl jeder von uns immer mal wieder sehnt. Das hört sich vielleicht ein wenig pathetisch an, aber wohin verlagert sich denn fast jede Hausparty in der Regel? In die Küche – wenn es sich nicht gerade um eine Grillparty handelt, denn die Glut der Holzkohle bringt uns einander – und dem Steinzeitmenschen in uns – natürlich noch ein bisschen näher, als der Elektroherd. Die Kochstelle umgibt etwas Besonderes, Heimeliges. Wenn wir Kerzen anzünden, dann ist diese Kerze ja auch nichts anderes als ein Relikt jenes Lagerfeuers, das unseren Vorfahren einst ein Gefühl von Sicherheit und Geborgenheit gab – und zugleich die Möglichkeit, anders zu essen als die Tiere. Eine Gesellschaft, die das Kochen verlernt, verliert den Verstand. Verliert die Zivilisation.

Das Rad schaffte es irgendwann unter die Karosserie eines

Rolls-Royce, die Nachkommen des Faustkeils heißen heute Akkuschrauber und Vorschlaghammer. Es ist aber auch eine große Errungenschaft der Menschheit, das Feuer gezähmt zu haben und es in einer überdachten Wohnung ein- und ausschalten zu können, wann immer man will. Wir sollten das zelebrieren und unser Essen stets genauso wertschätzen und weiterentwickeln wie uns selbst.

Mein Dad hat mir das Kochen beigebracht. Während meine Mutter oft unterwegs war oder tagsüber im Büro arbeitete, übersetzte er als Freiberufler von zu Hause aus. In den Fünfzigerjahren, als er als Student in Heidelberg lebte, unterrichtete er nach den Vorlesungen als Privatlehrer Englisch. Abends ging er dann seinem Job als Jazzmusiker im legendären Cave nach. Mein Vater war also der Hausmann. Ich erinnere mich gerne an die Tage zurück, an denen ich als Knirps neben dem Herd sitzen und mitschnippeln durfte, an denen ich Karotten roh und gekocht probierte, um den Unterschied zu erschmecken, und an denen ich lernte: Das ist eine Zucchini, das ist eine Aubergine.

Das hört sich alles nicht besonders britisch an. Aber ich bin ja auch in Bayern aufgewachsen. Englisches Essen wird aus guten Gründen bekanntlich selten exportiert, es ist eben nicht gerade der kulinarische Rolls-Royce. Und dass wir dem angelsächsischen Raum die Erfindung des Fast Foods zu verdanken haben, macht die Sache nicht besser.

Die Angelsachsen siedelten sich im 6. und 7. Jahrhundert auf der Insel an. Wie man bei *Asterix* nachlesen kann, tranken sie zunächst vermutlich nur heißes Wasser mit einem Tropfen Milch. Die Franzosen, welche im Jahr 1066 in der Battle of Hastings die Insel nicht nur angriffen, sondern im Nachgang auch eroberten, sind vermutlich deshalb selbst schuld, dass wir heute aus »Rache« französischen Wein trinken! Ich vermute bis heute, die spartanische englische Küche und ihre fehlenden Rezepte sind womöglich der wahre Grund, weshalb die Engländer ein Weltreich eroberten.

Mein Vater hat das damals ganz geschickt angestellt: Er hat einerseits meine Neugier für gutes Essen geweckt, mich aber auch alle paar Monate in ein Fast-Food-Restaurant mitgenommen. Einen Cheeseburger fand ich dadurch geschmacklich eher fad, geradezu phantasielos. In der Tat, ich habe schon als Schuljunge lieber ein Cassoulet gegessen oder einen selbstgefangenen Fisch anstelle von geschmacksverstärktem Fast Food. Es gibt freilich selbst heute noch Momente, da gibt es nichts Besseres als einen ordentlich fetten Burger mit Pommes – nach einer durchzechten Nacht zum Beispiel. Aber meine Besuche in einem Fast-Food-Restaurant kann ich heute an einer Hand abzählen. Na ja, vielleicht an zwei.

Die angelsächsischen Auswüchse des schnellen Essens haben zugegebenermaßen nicht nur Geschmacks-, sondern auch Sympathieträger. Fish 'n' Chips zum Beispiel sind einfach etwas Wunderbares, besonders wenn man sie stilecht aus dem *basket*, also direkt aus Zeitungspapier isst (im Gegensatz zu den furchtbaren Styroporboxen, von denen es viel zu viele gibt und die nach Gebrauch im Müll landen und dauerhaft die Umwelt verpesten). Klar, auch das ist in erster Linie fett – aber siehe oben: Manchmal muss das sein. Simpel, einfach, lecker.

Wie sehr solch schnödes, aber weitläufig anerkanntes Essen das Leben eines Landes beeinflusst, kann man in England an ganz banalen Beispielen sehen. Die gedruckten Auflagen der englischen Yellow Press sind nach wie vor erstaunlich hoch – und mit einer Ausgabe der vor Sensationsgier triefenden Sun kann man gar nichts Besseres machen, als sie mit Kabeljau in Backteig und dicken, frittierten Kartoffelstäbchen zu garnieren. Und vielleicht gäbe es in Orten wie dem wunderschönen St. Ives in Cornwall ohne dieses rustikale englische Nationalgericht die berühmten Möwen gar nicht mehr, wenn nicht ab und zu ein deutscher Tourist, als Engländer getarnt, vorbeikäme, sich Fish 'n' Chips auf die Hand kaufen und naiverweise annehmen würde, er könne diese jetzt auf der tropisch anmutenden Strandpromenade in Ruhe und alleine essen. Wenn der Engländer in Deutschland aufgewachsen ist, ahnt er womöglich auch gar nicht, mit welch unglaublichem Geschick Möwen einem nach gekonntem Sturzflug das Essen aus der Hand klauen können.

Was sonst ist typisch englisches Essen? Steak & Kidney pie kann exzellent sein, und die klassischen, gefüllten Teigtaschen, *pastries* genannt, können fantastisch schmecken, wenn sie richtig zubereitet sind. Andernfalls kommt man schnell, ich muss das zugeben, in eine geschmackliche Einbahnstraße. Dann sind diese Pastries trocken, fad und, im negativen Sinne, *very rich* ...

Immerhin: Ein kleines bisschen besser als sein Ruf ist das britische Essen natürlich schon. Roastbeef mit Yorkshire Pudding (eine in der Pfanne gebackene Beilage aus Mehl, Milch, Eiern und Fett) ist eine feine Sache, jedenfalls so, wie er bei meinen Verwandten in Nordengland häufig auf den Tisch kommt. Wenn ich in den Ferien zu meinen Verwandten gefahren bin, habe ich mich immer schon Stunden vor der Ankunft darauf gefreut. Und das Bier – um ein für alle Mal mit einem

Vorurteil aufzuräumen – ist kalt in britischen Pubs, nicht lauwarm. Meist wird es sogar eiskalt serviert.

Außerdem hat es Vorteile, wenn der Schaum schnell zerfällt (auch darüber wird ja immer gemeckert). In England bekommt man damit sichtbarerweise stets einen *ganzen* Pint serviert, nicht einen, der nur so tut. Das würde ich auf dem Oktoberfest auch gerne mal erleben: ein randvolles Glas ...

Zugegeben, das englische Bier kommt meist nicht so vollmundig daher wie ein Münchner Export oder ein Kölsch. Und natürlich ist das englische Essen an sich ziemlich unausgewogen. *Stews* und *pies* haben zwar ihre Daseinsberechtigung, und Lammfleisch mit Minzsauce (die übrigens immer separat gereicht wird!) mag sogar ein wenig extravagant sein. Es ist aber auch kein Zufall, dass es diese Gerichte nicht wirklich über den Ärmelkanal geschafft haben. Obwohl jetzt vielleicht die Russen mit ihren Piroggen sauer sein könnten. Und die Marokkaner mit ihren Briouats. Und ganz zu schweigen die Inder mit den Pakoras! Wer hat's erfunden? Es ist, wie so oft, eine Frage des Standpunkts.

Desweiteren wären da noch Sandwiches und das amerikanisch-britische Frühstück zu erwähnen. Sandwiches sind an sich eine prima Erfindung, nicht nur für Golfspieler, die gerade im Gebüsch einen Ball suchen und dabei sogar essen können. Aber aus einem mir unerfindlichen Grund wird halbwegs nahrhaftes Brot dabei mit größter, britischer Sturheit verschmäht. Und beim Frühstück ist das Gesündeste die Grilltomate, vielleicht noch die in Butter sautierten Pilze. Ansonsten gibt es Eier, Würstchen, Bohnen und Speck. Wenn man das um acht Uhr morgens isst, braucht man die nächsten zwei Tage nichts mehr. Das Essen ist so mächtig, dass man damit

Kriege gewinnen könnte, vorausgesetzt, man fällt nicht ins Koma. Das haben meine Urahnen väterlicherseits ja auch bewiesen. Wenn du aber weder Kriege führst noch ins Koma fällst, nimmst du unweigerlich zu.

Ich war überrascht, als ich kürzlich in einem Supermarktregal in Pullach auf *Baked Beans* gestoßen bin. Da standen nicht nur ein paar klassische Dosen für den Gelegenheitskauf, sondern gleich ein halbes Regal davon herum. Es gibt sie mittlerweile in dutzendfacher Ausführung: in portionierbaren Plastikflaschen etwa, mit Barbecue-Sauce, mit Chiligeschmack, in Tomatensauce, italienisch, französisch, griechisch, römisch, katholisch und bayerisch ... Ich fragte mich: Wird der globale Geschmack plötzlich britischer? Steigen die Engländer jetzt mit Kalorienbomben doch noch zur kulinarischen Supermacht auf?

Wohl kaum. Ich habe vielmehr das Gefühl, dass es vielen Käufern gar nicht so sehr um den Inhalt geht, sondern um ein nostalgisches Gefühl. Zum einen kann ein von Fernweh gepackter Baked-Beans-Käufer in Wanne-Eickel beim Essen der Bohnen die Augen schließen und sich vorstellen, er habe sie gerade in einer rostigen Stahlpfanne über einem Lagerfeuer in der Wüste Arizonas gekocht. Vor allem geht es aber wohl um die Dosen selbst. Sie sind stylisch und erinnern an die Blechschilder in gemütlichen englischen Pubs. Bei einem Bekannten habe ich auch schon gesehen, dass er die ausgewaschene Dose benutzt, um die Buntstifte seiner Kinder aufzubewahren. Okay, das könnte man auch mit anderen Dosen machen ...

Aber nehmen wir mal als Beispiel Fleisch. Eine Weile abgehangen, ist es eine Köstlichkeit. Verpasst man diesen Moment, verfault es und man müsste es entsorgen; gibt man ihm dann jedoch einen stylischen Namen und nennt es »fermentiert«, ist es der Renner von New York bis Peking ... Manche Menschen zahlen freiwillig Hunderte von Dollar dafür! Das wäre vielleicht eine andere Diskussion wert. Die adipöse Kronjuwele des Empires ist ein Gericht namens *bangers and mash* – Würstchen über Kartoffelbrei unter sehr viel dicker, dunkler Sauce. Wie verroht Engländer in ihrem tiefsten Inneren sind, zeigt schon der Name dieses Pub-Klassikers. Ursprünglich nannte man die Würstchen *bangers*, weil sie bereits zu Zeiten ihrer Erfindung oft von minderer Qualität waren, also einen hohen Wassergehalt aufwiesen und deswegen beim Braten oft platzten – bang! *Banger* kann im Englischen aber auch eine ganz andere Bedeutung haben. Man denke nur an den inzwischen in Deutschland verbreiteten Begriff *gangbang* – ein Vorgang, bei dem allerdings eher Kalorien verbraucht werden.

Immerhin, der Kartoffelbrei wird aus echten Kartoffeln gemacht. Er soll im Idealfall sogar noch richtige Stückchen davon enthalten. Und in der Sauce stecken meist viele Zwiebeln, die ja bekanntlich nicht ungesund sind. Optisch erinnert das Ganze am ehesten an Schweinswürstel mit Kartoffelbrei. Die tiefere Bedeutung dieses kulinarischen Urgesteins ist aber eher mit der deutschen Currywurst mit Pommes Schranke vergleichbar: Es ist ein Nationalgericht, das jeder kennt – und das ab und an, in Momenten des Heißhungers, einfach sein muss.

Es gibt Tage, vor allem auf dem Land, da isst man auch mal gar nichts. Das macht die Sache allerdings nicht viel gesünder. Freunde aus dem Ort meiner Familie haben mir gezeigt, wie das geht. Wenn man zum Fluss geht, um zu fischen, trinkt man ein Bier. Wenn man die Angeln vorbereitet und die Kunstfliege aufzieht, trinkt man noch eins. Ganz vielleicht ist dann noch eine *pastry* dabei … Außerdem braucht man eigentlich gleich noch ein Bier, um das deftige Zeug rückstandslos runterzuspülen.

Dann endlich kann es losgehen. Man schaut freilich erst einmal, wie viele Mücken und welche Vögel da sind. Man blickt lange umher, wird eins mit der Natur. Noch ein Schluck. Dann steigt man ins Wasser und beginnt mit dem Fliegenfischen. In den Pausen trinkt man ein Bier. Es wird Nachmittag, man geht zurück zum Auto und packt alles in den Kofferraum, wo zufällig noch ein Bier liegt. Auf der Heimfahrt beschließt man, im Pub noch ein Bier zu trinken, während man den Freunden aus dem Ort erzählt, was man den Tag über so gemacht hat. Es ist tatsächlich gut möglich, dass man dann mit der noch nicht ertränkten Restvernunft beschließt, wohl doch nicht mehr ganz fahrtauglich zu sein. So viel Rückgrat wird vom englischen Staat zuvorkommend unterstützt. Denn es kommt schon mal vor, dass der Dorfpolizist gerade im Pub weilt, weil er gerade auf ein Feierabendbier vorbeigekommen ist. Er fährt dann alle, die meinen, sie seien fahruntauglich, gerne nach Hause.

Es ist also kein Wunder, dass das Essen im englischen Pub – wenn dort überhaupt etwas gegessen wird – aus irgendetwas besteht, das sich gegen das viele Bier im Magen durchsetzen kann. Es muss fett und deftig sein, sonst spürt man seine Wirkung gar nicht. Ehrlich gesagt, war ich nach Pubbesuchen immer heilfroh, nicht selbst fahren zu müssen. Und heute bin ich noch froher, dass diese ausufernden Zeiten der Vergangenheit angehören. Ich kann nur dringend davor warnen, diese unnötigen Exzesse nachzuahmen …

Die verzweifelte Reise hin zu kulinarischen Genüssen, der Kampf gegen das schlechte Image der Küche von der Insel, endet hier leider in einer Sackgasse. Es gibt in dieser Hinsicht keine Evolution, die Speisekarte ändert sich einfach nicht. In den meisten Pubs könnte man noch jene benutzen, die der Großvater des Wirts geschrieben hat. Aber wenn wir ehrlich sind, ist es in Bayern, Siegburg, Sachsen und Berlin manchmal auch so.

Mit ihren unmittelbaren Nachbarn haben die Engländer sich ja lange Zeit schwergetan. Erstens gibt es gar keine richtigen Nachbarn, außer den Schotten und Walisern, aber die ticken beim Essen ähnlich wie sie selbst. Der schottische Haggis hat etwas vom Pfälzer Saumagen, wenn auch in gänzlich anderer Weise. Und dann kommen schon die Franzosen. Die erste Reaktion auf den Stolz, den sie dort für ihre Küche haben, ist britischer Trotz: Man mag ihre Küche nicht. Eigentlich. Aber in bestimmten Fällen lässt man sich dazu herab, sie zu konsumieren, und es sieht natürlich nur nach außen hin so aus, als geschehe das mit großem, fast unersättlichen Appetit. Wenn also ein Engländer in einem Restaurant, womöglich sogar in der Normandie (meist nur auf der Durchreise nach Spanien) einen französischen Rotwein bestellt, dann steckt dahinter die Haltung: Ich trinke jetzt aus Rache! Für alles, was ihr uns angetan habt, damals, im Hundertjährigen Krieg oder sonst wann. Ich, ein stolzer Engländer, bestrafe euch jetzt, indem ich euch euren Wein wegtrinke, obwohl ich ihn gar nicht mag. Also fast nicht, nur ein bisschen. Und ich werde euch heute Abend immer und immer wieder bestrafen ... weil wir keinen eigenen Wein haben ...

In die eigene Küche etwas von außen einfließen zu lassen

ist durch solch eine verbohrte Haltung freilich nicht möglich. Doch einst gab es einen ziemlich genialen und simplen Ausweg aus diesem Dilemma: Warum nicht einfach die Welt erobern? Nach dem Motto: Eure Küche ist unsere Küche!

Ich verfolge ernsthaft die Theorie, dass das britische Empire nur deshalb zu einem Weltreich wurde, um den Kolonien ihre genialen Rezepte zu klauen. Wenn man sich ansieht, wie die East India Company (unter anderem) mit Gewürzen und Tee gehandelt hat, dann hatten wir nicht nur endlich Pfeffer im *stew* und unseren Fünfuhrtee, sondern auch noch eine Gelddruckmaschine angeworfen. Diese Reise hat sich gelohnt, in jeder Beziehung. Heute ist ein Curry so englisch wie Salzkartoffeln deutsch. Diese waren Letzteres bis ins 19. Jahrhundert hinein ja auch nicht. Man erinnere sich, wie Friedrich II. den Anbau von Kartoffeln befahl und dabei angeblich auf den perfiden Trick zurückgriff, einen Acker von Soldaten bewachen zu lassen, um das neue Gemüse in der getreidetreuen Bevölkerung interessant zu machen. Sonst dauert es ja bekanntlich Jahrhunderte, bis der Bauer etwas frisst, das er nicht kennt. Den stolzen Engländer hingegen musste man nicht neugierig machen, ihm musste man einfach nur sagen: Sieh her, das hat ein englisches Handelsschiff zu uns gebracht – und schon findet er es *marvellous*.

Wir können mittlerweile alles kaufen, was wir wollen, selbst Erdbeeren im Winter. Das ist eine unglaubliche Errungenschaft. Fragt sich nur, für wen! Die Natur hätte sicher eine kontroverse Meinung dazu. Und ich könnte mir auch jederzeit eine Lammkeule in Minzsauce machen. Doch ich scheine in den bayerisch-heimischen Gefilden das englische Essen nicht allzu sehr zu missen. Wenn ich zu Hause in die Küche gehe und die Kühl- und Hängeschränke nach etwas Britischem durchforste, finde ich höchstens Orangenmarmelade. Sie erinnert mich an Urlaube in Nordengland in Kindheitstagen. Sonst nichts. Wenn ich Lamm möchte, gehe ich lieber zum Griechen.

Genetisch scheint der Hang zu bestimmten kulinarischen Gepflogenheiten also nicht veranlagt zu sein, auch nicht zu den dazugehörigen Ritualen. Ich halte mich nämlich auch nicht an die *tea time*, obwohl dafür einst sogar große Schlachten unterbrochen worden sein sollen. Übrigens pflegen selbst auf der Insel immer weniger Menschen diese Tradition. Die *tea time* um vier, oft auch um fünf Uhr ist etwas, das ich noch von meiner Großmutter kenne und das womöglich noch in einigen höheren Schichten gepflegt wird, aber sicher nicht mehr flächendeckend. Das deutsche Wort »Kaffeeklatsch« hat stattdessen Einzug gehalten in den englischen Wortschatz, ähnlich wie »Kindergarten«. Kumpels in London würden mich umgekehrt aber auslachen, wenn ich sie um fünf Uhr nachmittags fragen würde, ob wir einen Tee trinken wollen. Doch wer weiß, vielleicht entdecke ich die *tea time* ja noch einmal für mich, wenn ich älter bin und der Tagesablauf es wieder erlaubt.

Englisch bin ich in Sachen Essen und Trinken insofern, als dass ich in der Küche ebenfalls gerne weite Reisen auf mich nehme und gute Rezepte so aufregend finde wie die früheren Seefahrer eine Schatzkarte. Aber gerade als Engländer versteht man, dass Essen auch permanenten kulturellen Austausch bedeutet. Chicken tikka massala, aufgrund des großen Erfolges schon mit einer eigenen Abkürzung (CTM) bedacht, ist laut Umfragen das beliebteste Gericht auf der Insel. Von den Zutaten her ist es zu achtzig Prozent indisch und zwanzig Prozent englisch. Du bist, was du isst – oder eher umgekehrt? Die Einwanderungsgeschichte eines Landes spiegelt sich in den Top Ten der beliebtesten Gerichte wider. In Deutschland sind Pizza, Spaghetti und Döner dank unserer Gastarbeiterjahre auch nicht mehr wegzudenken.

Kochen ist für mich wie Meditieren: Es entspannt. Und es befriedigt Neugier. Wie schmeckt das eigentlich, wenn ich nicht aus Schokolade, sondern aus Avocado ein Eis mache? Wenn man außerdem auf die Qualität der Zutaten achtet, schmeckt es umso besser. Meistens braucht man gar nicht so viel Schnickschnack, wenn die Sachen an sich schon gut schmecken. Außerdem lässt uns das die Welt um uns herum bewusster wahrnehmen. Ich finde es zum Beispiel schlimm, wenn man im Supermarkt eine viereckige Aluschale mit einem Stück Fleisch kauft – zum Spottpreis, ohne zu wissen, woher dieses Fleisch kommt oder wie dieses Tier gelebt hat. Gerade beim Fleisch bin ich der Meinung: Lieber ein gutes (und ja, auch teures), dafür nicht so oft.

Außerdem schafft Kochen – Stichwort Lagerfeuer – ein Gemeinschaftsgefühl. Das gilt für den Einkauf auf meinem geliebten Viktualienmarkt, wo ich alle Händler gut kenne, ebenso wie für die Freunde, die man zum Essen eingeladen hat. Manchmal gibt es da einfach nur Spinat mit Kartoffeln. Aber manchmal freue ich mich auch darauf, eine Überraschung zuzubereiten. Dann lasse ich es richtig krachen: Safran-Zander-Farce auf Kressegraupen mit Dijon-Senfsauce (Graupen sind viel raffinierter und haben mehr Power als Risotto). Apropos, eine weitere Spezialität bei mir: Kopfsalatrisotto. Zum normalen Risotto entsafte ich einen Kopfsalat, dabei kommt etwa ein halbes Glas heraus. Diese Flüssigkeit schüttet man in den Reis, dadurch bekommt das Risotto einen weichen, hellgrünen Ton und schmeckt sehr gut. Oben drauf noch einen Hummer oder einen Langustenschwanz – da haben sogar schon Vegetarier zugeschlagen.

Es kann also, muss aber gar nicht kompliziert sein. Ein Beispiel für eine Vorspeise: Verschiedene Pilze kaufen, was der Markt gerade hergibt. Diese auf ein Pergamentpapier legen, alle in die Mitte. Parmesan, Salz, Pfeffer, einen Teelöffel Weißwein, vielleicht noch ein paar Fetzen Parmaschinken oder Rosmarin dazugeben. Dann einwickeln und auf diese Weise richtige Päckchen machen. Diese kommen zehn Minuten in den Ofen. Dann noch verschlossen auf die Teller legen. Den Gästen soll beim Öffnen der Päckchen der Duft in die Nase steigen …

Ein Leben ohne Schärfung der Sinne ist sinnlos. Eine Gesellschaft, die das Kochen verlernt, verliert den Verstand. Das glaube ich tatsächlich. Kochen hat für mich mit Zivilisation zu tun, mit Kultur, auch mit kulturellem Austausch. Wir kennen in unserer Küche zum Beispiel Basilikum nur über die Komponente Tomate-Mozzarella. Dass man auch ein Basilikumsorbet machen kann, wissen manche vielleicht noch. Aber wenn man Basilikum mit Zucker mixt und zu Erdbeeren gibt – das ist der Knaller! Oder, um mal eine englische Kreation zu bemühen, hier eine Idee von Jamie Oliver: Ein gutes Vanilleeis mit Olivenöl und Salz. Das ist eine Geschmackskombination – der reine Wahnsinn.

Wie in der Geographie gibt es natürlich auch kulinarische Grenzen. Als in Deutschland aufgewachsener Halbengländer muss ich noch lange keine Schweinshaxe mit Minzsoße essen. Mein Vater hat sich umgekehrt nie so richtig mit der deutschen

Küche angefreundet. Er fand es auch immer ein wenig befremdlich, dass die Deutschen nach dem Essen sofort wieder über Essen reden müssen, nach dem Motto: »Und heute Abend könnten wir ja dann den Fisch auftauen ...« Er geht natürlich gerne mal in den Biergarten und isst einen Steckerlfisch oder auch mal ein Hendl, aber deftig gekocht hat er damals in England schon nicht, und er würde auch nie etwas Bayerisches kochen. So bin ich in einer kontinentalen Mischküche aufgewachsen, leicht frankophil angehaucht. Mein Vater hat nämlich zum Glück lange in Südfrankreich gelebt.

Ich esse am liebsten regional und saisonal. Das ist nicht immer ein Wunschkonzert. Bei einem guten Metzger bekommt man gar nicht immer das, was man gerade möchte – weil zum Beispiel gerade keine Schlachtung stattgefunden hat. In einer Gaststätte in München saß einmal eine Familie neben mir, und Vater bildete sich ein, er müsse jetzt einen Zwiebelrostbraten haben. »Der steht nicht auf der Karte, aber wir können Ihnen gerne einen machen«, hieß es von der Kellnerin. Gesagt, gekocht – und dann hat er nur zwei Stücke abgeschnitten und gegessen und den Rest vom Braten zurückgehen lassen. Mehr Respektlosigkeit geht kaum. Die Bestellung war so intelligent wie eine Serviette. Man muss beim Essen schon ein bisschen mitdenken. Etwa an das Kilo Rindfleisch, das 16 000 Liter Wasser benötigt hat, um ein Kilo Rindfleisch zu werden. Daran, dass Pangasius, der aus Vietnam eingeflogen wird, oder Krabben, die nach Marokko gebracht und dort gepult werden und dann zurückkommen, schon zwei Wochen unterwegs waren, bevor sie als »fangfrisch« deklariert verkauft werden. Solche Sachen kann ich einfach nicht unterstützen.

Mein Beruf hat es mit sich gebracht, dass ich irgendwann

auch im Fernsehen gekocht habe. Das erste Mal war das bei Bioleks »Alfredissimo«. Es gab einen Saibling in Kräuterkruste und Wirsing-Birnen-Gemüse. Für Letzteres durfte ich mir dankenswerterweise ein Rezept von Alfons Schuhbeck ausleihen. Danach war ich ein paarmal bei »Lafer! Lichter! Lecker!« – zuerst mit Horst Lichter, der irgendwie nicht mitbekommen hatte, dass ich leidenschaftlich gerne koche, und mich zu Beginn der Sendung fragte: »Francis, weißt du denn, warum das Fleisch gefroren ist?«

»Ja, Horst, weil wir ein Carpaccio machen.«

Die Sendung zog sich wie Pizzateig. Ein Jahr später wurde ich zu meiner Überraschung angerufen und gefragt, ob ich nochmals in die Show kommen wolle. Ich sagte: »Gerne, aber bitte mit Lafer.« Das hat Lichter später mitbekommen, zum Glück ohne diplomatische Spätfolgen – wir verstehen uns mittlerweile sehr gut.

Mit Johann Lafer verbindet mich eine lange Freundschaft. Ich durfte ihn schon auf seiner Stromburg besuchen und auf einer Hütte in der Steiermark, wo er herkommt. Es ist einfach toll, bei solchen Köchen im Heiligtum, ihrer Küche, Mäuschen spielen zu dürfen. Es kocht, wer gerade Lust hat. Oder es kochen auch mal alle zusammen. Außerdem bekomme ich auf diesem Wege etwas, das ich noch lieber sammle als Kochbücher: Kochbücher mit Widmungen. Lafer hat mich einmal als einen der besten Nichtköche-Köche bezeichnet, die er kennt – und zwar während der Sendung. Das war für mich ein Riesenkompliment.

Holger Stromberg wiederum habe ich bei einer Charity-Aktion für SOS-Kinderdörfer kennengelernt. Wir haben zusammen mit Kindern gekocht – ein großartiges Erlebnis. Die

Kinder hatten selbst etwas geschnippelt und in die Pfanne gegeben, woraus dann ein fertiges Gericht wurde. Sie hatten ein Gruppenerlebnis, ein Sättigungsgefühl, haben Neugier entwickelt.

Diese Veranstaltung hatte ein kleines bisschen Ähnlichkeit mit dem, was Jamie Oliver in England im großen Stil tut. Der Starkoch ist momentan die einzige Hoffnung darauf, dass sich einmal etwas bewegt in der in Ignoranz frittierten englischen Ernährungsweise. Mit seiner Kampagne *Feed me better* hat er englischen Schulkindern auf spielerische Weise klargemacht, dass Truthahnwürstchen mit Kartoffelchips und Pizza mit Dönerfleisch dick machen und ungesund sind. Er hat dafür sogar finanzielle Unterstützung der Regierung in dreistelliger Millionenhöhe erhalten und seine Popularität genutzt, um etwas Gutes zu tun, eine Herausforderung anzugehen, die für mich zu den wichtigsten überhaupt gehört: die körperliche und geistige Entwicklung unserer Kinder.

Was meine eigenen Kinder angeht: Ich denke, dass sie von mir als einem kulinarisch Reisenden profitieren. Ich bin ein bisschen stolz darauf, dass sie mein Hühnchen in Cashew-Sauce genauso lieben wie meine Semmelknödel. Sie sollen alles ausprobieren – aber dazu gehört eben auch ein Gericht wie Spinat mit Kartoffeln. Ich wünsche mir, dass sie neugierig sind auf das, was sie essen. Dass sie Fragen stellen und wissen wollen, wo die Lebensmittel herkommen. Deswegen unterstütze ich beispielsweise den Royal Fishing Club e. V. Er bringt Kindern und Jugendlichen nicht nur das Fischen als Vorgang bei, sondern auch die dazugehörigen lebensphilosophischen Gedanken. Und ich finde es wichtig, zu lernen, dass man einen Fisch erst töten muss, wenn man ihn essen will. Man hat

Verantwortung gegenüber seinem Essen. Und meinen Kindern ist auch bewusst, dass nicht jedes Kind auf der Welt jeden Tag genug zu essen hat.

Mit meinem Vater, meinem ersten Lehrer, liefere ich mir mittlerweile Kochduelle. Zu seinem sechzigsten Geburtstag habe ich Wachtelpastete gemacht – das hat einen ganzen Tag gedauert. Nur eine Sache nehme ich ihm immer noch krumm: Sowohl er als auch sein Bruder haben mir nie gezeigt, wie man die dunkle Soße für *bangers and mash* hinbekommt. Meine schmeckt nie so, wie sie bei Oma in England geschmeckt hat – das kriege ich einfach nicht hin. Aber irgendwann werde ich ihnen das Rezept schon noch abluchsen.

Das fliegende Klassenzimmer – reloaded

Schulzeit

»Solange du deine Füße unter meinem Tisch ausstreckst ...«
Unsere Mütter und Väter sind in England und Deutschland mit
ähnlich autoritären Eltern aufgewachsen. Wie sie sich dagegen gewehrt haben, war dann allerdings doch ein wenig unterschiedlich.

Die Kids in England waren so etwas wie die großen Brüder
der deutschen Rebellen – sie waren die Vorreiter, haben das
Ganze als Erste durchmachen müssen. Dank der vier nordenglischen Jungs John, Paul, George und Ringo mutierte die
Jugend in England und dann weltweit nach dem Krieg sehr
schnell zu lebenshungrigen Pilzköpfen und kreischenden
Mädchen. Meine Tante etwa kam lange vor dem großen Hype,
hypnotisiert und leicht hysterisch, aus Liverpool nach Hause
gerannt und rief überall immer wieder entrückt: »I've touched
a Beatle! I've touched a Beatle! I'll never wash my hands again!«

Meine Großeltern waren sehr verwirrt, da sie natürlich
noch nie etwas von den Beatles gehört hatten, und weil *beetle*
im Englischen »Käfer« bedeutet, dachten meine Großeltern
vermutlich, meine Tante sei verrückt geworden. Ihr wurde
daraufhin kurzerhand untersagt, jemals wieder alleine ir-

gendwo hinzufahren, sie musste im heimischen Nelson bleiben, wo sie dann auch bis in die frühen 2000er Jahre hinein lebte.

Natürlich war es kein Zufall, dass der kometenhafte Aufstieg der Beatles in Hamburg begann. Leider hatte ich nie das Glück, sie live zu sehen. Anders bei der anderen Kultband, den »bösen Jungs« von den Rolling Stones. Ich war nie ein typischer Stones-Fan, aber ich habe es mir nicht nehmen lassen, die alten Herren 2004 in London im Twickenham Stadium anzuschauen. Es war eines der besten Konzerte, das ich je gesehen habe.

Mary Quandt vollzog mit ihrer legendären Erfindung des Minirocks nicht nur eine unfassbare Revolution in der Mode, sie ermöglichte damit auch das Lebensgefühl der sechziger und siebziger Jahre. Ohne Mini gäbe es nicht halb so viele glückliche Männer und vermutlich auch keinen Babyboom, zu dem ich mich zweifelsohne zählen darf. Strenggenommen war der Minirock aber eine deutsche Erfindung aus den dreißiger Jahren, Mary Quandt hat ihn nur in England wiederbelebt. Aber man kann in der Geschichte eben nicht einfach rückwärtsgehen. Und diejenigen, die das bessere Marketing haben, setzen sich in den Geschichtsbüchern meistens durch, auch wenn die Wahrheit vielleicht eine andere war. Man denke beispielsweise an Peter Brooke, den legendären Theaterregisseur in Paris. Er propagierte den »leeren Raum« als perfekte Bühne. Dass Erwin Piscator, ein Gefolgsmann Fritz Langs, den »leeren Raum« bereits in den zwanziger Jahren in Berlin erfunden hatte, wissen heute nur noch wenige.

Junge Deutsche emanzipierten sich in den Sechzigern und Siebzigern von ihren Eltern, abgesehen von kleineren Scharmützeln, erst dann, wenn sie ihre Beine schon unter anderen Tischen ausstreckten, sprich, ausgezogen waren. In der Uni zum Beispiel. Dort hatten sie ihren Sozialistischen Deutschen Studentenbund, Rudi Dutschke und Gesellschaftsfreibeuter wie Rainer Langhans – es ging vor allem darum, die Eltern als Nazigeneration zu brandmarken und darum, die Talare hochzuheben und den Muff rauszulassen.

Das jugendliche Aufbegehren auf der Insel war sicher melodiöser als bei uns. Ist ja auch verständlich, bei den Musikern! Selbst im englischen Hinterland gab es schon in den fünfziger Jahren erste Schulbands, die Beatmusik spielten – während es in Deutschland zehn Jahre später Sänger wie Peter Kraus immer noch schwer hatten, gegen Schlagerschmonzetten anzusingen. Das erfolgreichste Lied in Deutschland 1964: »Rote Lippen soll man küssen« von Cliff Richard. Das erfolgreichste Lied in England 1964: »I want to hold your hand« von den Beatles.

Mein Vater hatte sich als Teenager von seinen ersten Ersparnissen ein Schlagzeug gekauft, und natürlich gefiel das meinem Großvater überhaupt nicht. Er stellte meinem Dad »den Jazz ab«, wie man in Deutschland gesagt hätte, indem er das Schlagzeug einfach auf dem Müll entsorgte. Ohne diesen Eklat wäre ich vermutlich nie geboren worden. Denn die Reaktion meines Vaters war, dass er auszog und fortging, möglichst weit weg. Zunächst nach Cambridge, später nach Heidelberg, wo er meine Mutter kennenlernte. Er ging also nach Deutschland, zum Kriegsgegner! Mehr Protest ging damals nicht. Ich bin so gesehen, wie so viele Gleichaltrige, auch deshalb gezeugt worden, weil viele junge Menschen damals auf der Suche nach Freiheit waren.

Diese Freiheitsliebe haben freilich auch viele meiner Lehrer zu spüren bekommen. Meine Schulzeit ist eine Ansammlung aus englisch anmutenden Internatsanekdoten und bayerischen Lausbubengeschichten – auch wenn mich meine Eltern nicht nach Eaton, sondern nach Ising am Chiemsee geschickt haben. Später wechselte ich ans Camerloher-Gymnasium nach Freising, ursprünglich »Deutsches Internat« genannt.

Im Gegensatz zu den Freunden auf der Insel in den englischen *boarding schools* musste ich in Deutschland keine uniforme Schulkleidung tragen. Einerseits finde ich Uniformen an der Schule gar nicht so schlecht: Sie können verhindern, dass einzelne Schüler zu Außenseitern abgestempelt werden, wenn ihre Eltern kein Geld für teure Markenklamotten haben. Aber als Teenager sah ich das naturgemäß ein wenig anders. Ich war verliebt in meine Klamotten und – wie mir Freunde noch Jahre später immer wieder klarmachten – besonders in meine Haare. Ich benahm mich aufmüpfig, besserwisserisch, wie ein Rebell. Und das, obwohl ich eigentlich wissensdurstig war. Mein damaliger Geschichtslehrer meinte später einmal, dem Francis habe man immer alles ganz genau erklären müssen. Umgekehrt bin ich mir nicht sicher, ob ich alles immer so genau erklären konnte, wenn ich von Lehrern abgehört wurde. In einer B3-Talkshow bestätigte derselbe Lehrer auch noch einmal: »Seine Haare waren sein Heiligtum.« Immerhin waren auch so coole Typen wie Jimmy Dean immer mit Kamm zu sehen.

Meinen ersten Verweis habe ich in Freising bekommen. Damals hatte ich blaugemacht. Ich hatte aber keinen Unterricht geschwänzt, sondern die Kirche, denn für jenen Tag war ein Schulgottesdienst angesetzt. Ich bin als Sohn eines Engländers evangelisch getauft, was freilich wenig damit zu tun hatte, dass ich an jenem Tag keine Lust auf eine katholische Kirche hatte, sondern vielmehr damit, dass ich mehr Lust hatte, bayerisches Kulturgut zu pflegen: Mit ein paar Kumpels setzte ich mich ins Freisinger Huber Bräu und spielte Schafkopf.

Ich hätte in meiner Schulzeit sicherlich noch mehr Verweise verdient gehabt. Aber erstens entwickelte ich schnell eine gewisse Geschicklichkeit darin, bei bestimmten Dingen einfach nicht erwischt zu werden, und zweitens wächst in einem Internat auch der Zusammenhalt – die gegen uns, Lehrer gegen Schüler. Man gab sich Alibis und deckte sich gegenseitig, wo man nur konnte.

An jenem Tag aber wollte es der Zufall, dass während unserer Weißbier-Spielkarten-Auszeit ein Lehrer der Schule ebenfalls in die Gaststätte kam. Er sah uns sofort und zog bösen Blickes wieder ab. Noch am gleichen Tag wurden wir einzeln zum Direktor ins Büro zitiert. Der konnte mich sowieso nicht leiden und fragte: »Warum sind Sie nicht in den Gottesdienst gegangen?«

Ich verkniff mir die Gegenfrage, warum denn eigentlich der Lehrer freigehabt habe, der uns verpetzt hatte. Doch dann antwortete ich: »Ich glaube an Gott, aber nicht an sein Bodenpersonal.«

Da hat mich der Direktor aus seinem Büro geschmissen. Ein paar Tage später trudelte dann der verschärfte Verweis per Post bei meinen Eltern ein.

Der Vollständigkeit halber berichte ich gleich noch von meinem zweiten Verweis. Da war ich schon erwachsen, rein biologisch gesehen zumindest. Er ereilte mich während der

Probezeit in der Schauspielschule. Wir hatten Schillers *Maria Stuart* auf dem Plan, ich war für die Rolle des Mortimer eingeteilt. Nach dem Studieren des Textes sagte ich der Lehrerin: »Ich würde Mortimer gerne als Terroristen anlegen.« Vielleicht klappte es ja nicht, vielleicht war das geradezu völliger Quatsch, aber eine Schule ist doch dazu da, zu experimentieren, oder?

Die Lehrerin war mittelentsetzt, nach dem Motto: Das gab's ja noch nie, was fällt dir ein? Ich erklärte ihr, dass ich Mortimer für den frühesten Terroristen halte, der mir in der Literatur untergekommen ist. Er wurde von seinem Vater verstoßen, er hat die Werte seines Elternhauses nicht geteilt. Dann wurde er ausgesandt, Maria Stuart zu retten. Abgesehen davon, dass er sie abgöttisch liebte und auch ziemlich triebgesteuert war, tat er das alles aus fanatischer Überzeugung.

Ein katholischer Fanatiker auf einer Bühne in München – das war dann vielleicht doch ein bisschen zu viel der Provokation. Es folgte der Kanossagang zum Direktor. Dort wurde mir klargemacht, dass die Lehrerin das letzte Wort habe. Ich kommentierte das eher beiläufig und erwähnte nur, klar, ich wisse ja, dass man hier bestenfalls fürs Stadttheater ausgebildet werde. Da war dann der nächste Verweis fällig. Noch so ein Ding, und ich wäre wohl Schauspielschulabbrecher geworden.

Ich habe in meinem Leben also zwei Verweise bekommen: einen, weil ich nicht in die Kirche gegangen bin, und einen, weil ich einen Verehrer als katholischen Terroristen spielen wollte. Man muss eben in seinem jeweiligen Lebensraum die Grenzen austesten.

Ein Streber war ich sicher nie. Ein Lehrer sagte einmal: »Um das Abitur zu bekommen, dürfen Sie dumm sein oder faul.

Nur nicht beides zugleich.« Ich habe das als Kompliment aufgefasst, denn faul war ich, ganz zweifelsohne.

Mein damaliger Mitschüler Andreas Dick, der drei Jahre neben mir saß, hat hierzu eine passende Anekdote aufgeschrieben und mir sein Büchlein *A jeds von uns* zugeschickt, in dem sie steht. Sie zeigt sehr gut, dass für Menschen wie mich damals selbst ein straffes, zeitliches Korsett wie ein Abgabetermin kein Problem darstellte. Höchstens für Menschen, die nicht über den Tellerrand ihres Lehrauftrags gucken können. Dick erzählt, unsere Kunstlehrerin sei gegen meinen Charme, der damals angeblich so viele Frauenherzen höherschlagen ließ, immun gewesen. Jedenfalls hatte sie mich eindeutig und mehrfach darauf hingewiesen, dass in einer Woche endgültig ein Bild fällig sei, welches sie schon Wochen zuvor als Hausaufgabe aufgegeben hatte. Ich aber vergaß auch diese Deadline – bis mich zehn Minuten davor eine Mitschülerin darauf hinwies. Ich dachte kurz nach, dann eilte ich ins Nebenzimmer und bereitete etwas vor. Als die Stunde begann, bat ich die Lehrerin sogleich ins Nebenzimmer. Was dann passierte, schildert mein Freund so: »Er zog die erstaunte Lehrerin mit sich, es herrschte Totenstille im Klassenzimmer. Plötzlich hörten wir einen markerschütternden Schrei, eine Schimpfkanonade folgte, und es flog ein Stuhl gegen die Wand.«

Ich hatte das Bild anstatt auf Papier an die Tafel gemalt. Und dazu gesagt, dass Kunst ja vergänglich sei. Die Kraft, die von diesem Bild ausgehe, würde sich erst entfalten, wenn sie es wegwische.

Ich konnte in Echtzeit erleben, wie der Überdruck in ihrem System sich in eine Kernschmelze verwandelte. Dann fing die Lehrerin derart hysterisch an zu schreien, dass ich nicht wusste, ob ich lachen sollte oder sie kurz vor einem Herzinfarkt stand. Leider musste ich lachen, was einen Kurzschluss auslöste. Sie warf einen Stuhl nach mir, der mich an der Hüfte traf. Das war natürlich die Steilvorlage für den Schauspieler in mir. Ich warf mich in bester Profifußballer-Manier schreiend auf den Boden, schrie wie am Spieß, hielt meine Hüfte und schlug mit schmerzverzerrtem Gesicht mit der einen Hand auf den Boden, während ich mit der anderen Hand nach »Sanitätern« rief. Meine Kommilitonen standen mit ratlosen Gesichtern um mich herum und blickten vorwurfsvoll auf die Lehrerin, die allmählich begriff, dass diese Situation für sie disziplinarische Folgen von größter Tragweite haben könnte. Erst, als sie mir und der Klasse versicherte, dass ich eine Drei bekäme statt einer Sechs, ging es mir ganz allmählich wieder besser ... (Sollte besagte Lehrerin dies lesen, so möchte ich mich hiermit in aller Form entschuldigen.)

Solche Anekdoten prägen natürlich. Wenn man einen Film aus meiner Schulzeit machen würde, könnte man ihn »Das fliegende Klassenzimmer – reloaded« nennen. Wie im Original war dabei aber auch nicht alles lustig. Jeder von uns hat Dinge erlebt, die in unserer heutigen Vorstellung von Erziehung nicht mehr vorstellbar sind: Backpfeifen, Schläge mit Gürteln, und ja, auch Kinder untereinander können grausam zueinander sein. Das Einzige, was man im Nachhinein machen kann, ist, daraus zu lernen. Wir haben damals miterlebt und es zum Teil am eigenen Leib erfahren, wie gefährlich Gruppendynamik in bestimmten Situationen werden kann. Das sollte uns zu denken geben. Auch mit Blick auf politische Strömungen, die sich nur auf dem Nährboden von Hass vergrößern. Dann können nämlich ganz schnell Dinge passieren, die man ursprünglich gar nicht wollte.

Aber unterm Strich hat mich die Zeit im Internat positiv geprägt. Ich hatte ja auch im Gegensatz zu anderen das Glück, dass ich mich durch meine spätere Schauspielzeit ein Stück weit selbst therapieren konnte ...

Eine meiner Besonderheiten, die mich bisweilen belastete, fiel im Internat sogar weg: Als Sohn eines englischen Vaters war ich dort nichts Außergewöhnliches, zumindest kein Exot. Denn jeder hatte irgendeine Besonderheit – und wenn jeder eine hat, dann wird das zum Normalfall. Ich für meinen Teil konnte mich im Internat also wie ein Deutscher fühlen. Auch wenn ich zum Beispiel in Sachen Musik vielleicht ein paar englische Vorlieben mehr hatte als Andere.

Den Soundtrack seiner Jugend trägt man für den Rest des Lebens mit sich. Wenn ich heute durch die Straßen gehe oder eine Zeitung lese, dann merke ich, wie sich im Hinterkopf ein Ohrwurm seinen Weg zurück ins Sprachzentrum bahnt, als habe er jahrzehntelang nur geschlafen und sei wiedererwacht, weil ich gerade etwas gesehen oder gelesen habe, das mich an frühere Zeiten erinnert. Dinge im Alltag wirken dann wie ein Wecker, der permanent auf Stand-by steht. Dieser Lebenssoundtrack im Kopf ist bei mir natürlich stark englisch geprägt – aber eben auch von meiner Internatszeit.

Als kleiner Junge liebte ich Elvis. Ich konnte seine Songs nachsingen und ahmte seine Bewegungen nach, jahrelang ging ich mit Tolle und Koteletten zum Fasching und wackelte mit den Hüften. Doch kurz nachdem ich ins Internat kam – übrigens ein musisches Gymnasium –, entdeckte ich für mich die englischen Bands der New-Wave-Bewegung. Wenn ich

Musik von Pink Floyd, Supertramp, Genesis, David Bowie und Depeche Mode hörte, war ich gleich wieder ein bisschen stolz, aus demselben Land zu kommen wie sie, dann fühlte ich mich *fab* (heute sagt man: cool) und ihnen ein Stück weit näher (heute würde man sagen: hipper).

Es gab auch eine Phase, in der ich tonnenweise Haarspray benutzte, den Kajalstift wie selbstverständlich in der Tasche hatte und *winkle pickers* trug (in Deutschland meist »Pikes« genannt) – spitze Schuhe, mit denen wir uns in besonders pubertären Momenten vorstellten, wie gut sie in den Hintern eines Lehrers ...

In der Schule lernt man, selbständig zu denken. Außerhalb des Unterrichts lernt man aber auch viel von anderen. Ich erinnere mich, dass ein Mitschüler zu denen zählte, der immer als einer der Ersten coole neue Lieder kannte. Er war vermutlich unser aller *opinion leader*, denn wir kauften stets dieselben Platten, die er so mitbrachte. Da es im Internat immer auch Ältere gab, hatten wir ohnehin guten und regen Austausch, was Klamotten, Bücher und Musik betraf.

Im Internat gab es zwei große Stromkreise: einen für die Gänge, einen für die Zimmer. Am Abend wurde der Strom auf den Zimmern abgestellt, die nonverbal-autoritäre Art uns zu sagen, dass wir unsere Hintern in die Betten bewegen sollten. Ich frage mich manchmal, wie das heutzutage abläuft: Haben Internatskinder nachts mittlerweile Strom, oder zittern sie sich in kaltem Schweiß gebadet durch die Nacht, weil ihr Handy morgen früh keinen Saft mehr haben wird? Streiten sie sich morgens um die Steckdosen im Zimmer, so wie wir uns stritten, welche Platte als Nächstes laufen wird?

Bevor wir ins Bett gingen (oft spät genug), legten wir stets eine Platte auf und setzten die Nadel auf eine Rille, die ein neues Lied markierte, das wir am nächsten Morgen hören wollten. Genesis lag zum Beispiel oft auf dem Teller, Creedance Clearwater Revival, auch mal AC/DC. Wenn dann am nächsten Morgen der Heimleiter wieder den Strom anstellte – einmal ein »ssst« im Gang, dann ein »ssst« im Zimmer –, lief die Platte langsam an, beschleunigte hoch auf 33 Umdrehungen pro Minute, und wir wachten auf – fünf Minuten Party für den Start in den Tag. Der coolste Wecker der Welt. Der Heimleiter musste danach die Zimmer abgehen und alle wecken. Aus jedem dröhnte andere Musik, und wenn er durch war, war er immer fertig mit den Nerven.

Ich wüsste gar nicht, wie meine Generation ohne Schallplatten geistig überlebt hätte. Eine Platte zu kaufen, das war, wie einen Schatz zu heben. Jeder, der in den Siebzigern und frühen Achtzigern aufgewachsen ist, erinnert sich an seine erste selbstgekaufte Platte. Meine war »Oxygene« von Jean-Michel Jarre, das muss Anfang 1978 gewesen sein. Ich kriege heute noch Gänsehaut, wenn ich daran denke.

Für mich ist es gut nachzuvollziehen, dass das Vinyl gerade wieder zurückkehrt. Es vermittelt etwas Authentisches. Musik auf Platte hört sich so an, als stehe man bei der Aufnahme im Studio daneben, es klingt nicht so steril wie moderne Ton- (oder besser: Daten-)Träger. Ich war allerdings ziemlich baff darüber, weil ich den Trend gar nicht richtig mitbekommen hatte. Plötzlich las ich im Dezember 2016 im *Guardian*, dass in England Plattenverkäufer in manchen Wochen mehr Geld verdienen als Online-Plattformen mit ihren Downloads. Man könnte das die gute Seite der englischen Sehnsucht nach der guten alten Zeit nennen, ein Trend, auf den man bedenkenlos aufspringen darf. Ich bin gespannt, wie sich der Plattenverkauf in Deutschland entwickelt. Ich habe viele Freunde, die zu Hause noch Platten hören. Ich kenne allerdings fast niemanden, der sich neue Musik auf Platte kauft.

Wir hatten Lehrer, so wie man sie sich vorstellt, wenn man Pink Floyds »The Wall« hört. Die meisten mochten mich nicht besonders. Da muss ich nur an unseren Lateinlehrer denken. In gewisser Weise war er großartig, denn im kabarettistischen Sinn kann ich ihn heute noch oft benutzen, wenn ich mir überlege, wie ich eine komische Fernsehrolle mit Leben fülle. Er hat uns alle immer nur angeschrien, im Tonfall immer ein bisschen wie Marcel Reich-Ranicki: »Bäääääh, Fulton! Immer stinkfaul! Saukerl! Wenn du mal so alt bist wie ich, dann kannst du dir eine Charakterschrift leisten, aber jetzt …« – ffffft, zerriss er meine Arbeit – »… musst du ordentlich schreiben!«

Mit solchen Lehrern als Feindbildern hat man weniger Feinde unter den Schülern. Doch für eine Weile gab es tatsächlich einmal einen Anti-Francis-Klub. So etwas kann einen schon fertigmachen, wenn man gerade mitten in der hormonellen Selbstfindung steckt oder generell ein unsicherer Typ ist. Mobbing in der Schule ist eine üble Sache. Damals merkte ich recht schnell, dass es viele Mitläufer gab, aber nur einen, der wirklich Stunk machte. Irgendwann sagte ich im Speisesaal zu dem: »Jetzt reicht's, wir treffen uns nach der Schule draußen.«

Das taten wir, und wir kloppten uns wie blöde, fielen zusammen hin, standen zusammen wieder auf, dann ging es weiter, Fausthiebe in den Magen, auf die Brust, ins Gesicht. Der Kampf dauerte gefühlt Stunden, das Blut tropfte, ein großer Kreis aus halb belustigten, halb entsetzten Mitschülern bildete sich. Ich erinnere mich noch an ihre Gesichter: Sie hatten ein Glitzern in den Augen, jenem nicht unähnlich, das ein Theaterpublikum hat, wenn ihm ein Stück gefällt.

Der Kampf endete unentschieden. Und was soll ich sagen? Mein Gegner von damals war eine wichtige Lektion für mich – ich war damals übrigens erst zehn. Wir hatten uns gegenseitig Respekt eingebläut – im wahrsten Sinne des Wortes. Leider haben wir uns aus den Augen verloren.

Damit kein Missverständnis aufkommt: Ich bin überhaupt kein Schlägertyp. Aggression auf die Straße zu tragen ist eine englische Unsitte, der ich gerne eine andere bewährte englische Sitte entgegenstelle: Wie ein Gentleman versuche ich bis heute, alles Animalische im Sport zu kanalisieren und mich dort total zu verausgaben. Manchmal geht es natürlich darum, für sich selbst einzustehen, sich nicht kleiner machen zu lassen, als man ist. Das hat viel mit Stolz zu tun, und ja, ich bin ein stolzer Mensch. Gleichzeitig schätze ich meinen Vater aber auch sehr dafür, dass er mir beigebracht hat, sich nicht größer zu machen, als man ist. Das ist ebenso wichtig wie das Prinzip, Konflikte wie ein zivilisierter Mensch zu lösen und nicht mit einer Schulhofprügelei.

Ich bin mit den allermeisten Mitschülern gut ausgekommen. Offen gestanden, bin ich sogar mit vielen sehr gut ausgekommen, die ich offiziell gar nicht getroffen habe: mit den Schülerinnen aus dem anderen Stockwerk. Das war natürlich streng verboten. Die Treppenhäuser waren getrennt und gesichert. Aber wo ein Hormon ist, ist auch ein Weg.

Wir hatten an der Außenfassade keine Abflussrohre, sondern Ketten, an denen bei Regen das Wasser hinablief. Man musste erst einmal üben, lautlos daran hinunter und später wieder hinauf zu kommen, und meistens hatte man auch einen Freund, der unten die Kette festhielt, damit es nicht wackelte und klirrte. Manchmal gelang es auch, sich mit den Kumpels auf dem Viererzimmer so zu arrangieren, dass man den Besuch alleine empfangen konnte. Und in ganz seltenen Fällen, die ich aber lieber nicht an die große Glocke hänge, hat man auch mal den Schlüssel für ein Lehrerzimmer bekommen ...

Auf meine Noten möchte ich an dieser Stelle nicht weiter eingehen. Nur so viel: Ich bin einmal sitzengeblieben, in der Achten. Und Englischunterricht ist der größte Treppenwitz meines Lebens. Sprechen konnte ich natürlich 1a, aber die englische Grammatik schien damals in der Wiege zu fehlen, sie war mir völlig fremd. Wenn ich mich recht erinnere, habe ich mit Englisch im Abitur gerade mal sechs Punkte eingebracht. Zum Vergleich: In Deutsch hatte ich 14 Punkte.

Sie haben mich also doch ziemlich deutsch hingekriegt, die berüchtigten bayerischen Pädagogen. Aber meine Erfahrung ist eben auch: Man konnte als Jugendlicher im Deutschland der achtziger Jahre eine ganze Menge Spaß haben. Falco sagte einmal sinngemäß: Wer sich an die Achtziger erinnern kann, hat sie nicht wirklich miterlebt. Na gut, ein paar Hirnzellen habe ich dann doch in die Folgejahre hinüberretten können ...

Wenn man so will, dann war mein Vater wie einer meiner Mitschüler, mit dem ich durch dick und dünn ging und mit dem ich prägende Erlebnisse hatte, die man sonst eher mit guten Kumpels erlebt. Das lag auch daran, dass Ende der Siebziger und Anfang der Achtziger viele Erwachsene schon ganz gut Party machen konnten. Zu einer hatten meine Eltern mich einmal mitgenommen. Es war der Abend, an dem ich das erste

Mal Whisky trank. Wir waren nach Windach eingeladen, einem kleinen Örtchen am Ammersee. Der Abend begann mit einem Vorfall, der stark an einen Lausbubenstreich à la Max und Moritz erinnerte, wenngleich dieser unabsichtlich zustande kam. Ein paar Kinder in der Gesellschaft hatten eine lange Angelschnur gefunden und gingen zu einem kleinen Weiher, in dem Goldfische schwammen. Einige Eltern hatten das mitbekommen und sagten: »Nein, lasst das, Goldfische fängt man nicht.« Dann sind sie zum Spielen woandershin gegangen. Stunden später dann ein Aufschrei: Niemand hatten die Schnüre aufgeräumt, und einige der Hühner, die dort frei herumliefen, hatten die Angelhaken geschluckt. Das war natürlich ihr Todesurteil. Da musste der Vater des Hauses ein Beil nehmen und drei der armen Hühner schlachten. Eigentlich ein Partykiller.

Bis heute habe ich das Gefühl, dass dieser kurze Schocker dazu beigetragen hat, dass mein Vater mich an jenem Abend zur Seite nahm. Er hatte eine Flasche Whisky und zwei Gläser dabei und sagte: »Heute ist Initiation.« Wir haben nicht die ganze Flasche leer getrunken, aber ein paar Schlucke habe ich schon genommen. Ich war damals 16.

Die Party wurde nach der Notschlachtung dann doch noch ganz gut – es muss mit Fatalismus zu tun gehabt haben, wie auch immer. Meiner damaligen Stiefmutter wurde es trotzdem zu spät, sie wollte nach Hause. Mein Vater hingegen überhaupt nicht. Also fuhr sie alleine zurück nach München. Murphys Law wollte es, dass eine halbe Stunde später plötzlich alle gingen. Wir sahen uns fragend an: Was machen wir jetzt? Wir waren 45 Kilometer von München entfernt, am AdW, wie man auf gut Deutsch sagt. Fuhren hier überhaupt Taxis?

Eine Dame mittleren Alters bot uns an, bei ihr zu übernachten. Wir nahmen höflich dankend an. Als wir zu ihr nach Hause kamen, zündete sie aber plötzlich ganz viele Kerzen an und legte romantische Musik auf, kurz: Sie machte deutlich, dass sie jetzt den nächsten Teil der Party starten würde: eine Party zu dritt.

Als sie das Zimmer verließ, um noch einen Schampus zu holen, sahen mein Vater und ich uns erneut an. Ohne ein Wort zu reden, verschwanden wir schleunigst durchs Küchenfenster. Wir liefen so lange eine Landstraße entlang, bis uns ein Mann auf dem Weg zur Arbeit nach München mitnahm. Im Morgengrauen ließ er uns an der Donnersberger Brücke raus. Von dort nahmen wir dann ein Taxi und waren zum Frühstück zu Hause. Eine verrückte Nacht lag hinter mir – zusammen mit meinem guten Kumpel Dad, dem alten Rebellen. Ein Typ, der sicher auch in meiner Schule in der Pause bei den coolen Jungs gestanden hätte.

Lost in the Highlands

Vom Jagen

»So, jetz' geh ma schießen«, sagte Josef Schmid. Ich war ziemlich baff. Ich saß im Schützenzelt des Münchner Oktoberfests, jeder in der Gesellschaft arbeitete gerade an seiner zweiten Maß Bier, als der damalige Stadtrat – heute ist Schmid Münchens Zweiter Bürgermeister – auf den Schießstand im ersten Stock bat.

Ich liebe die Wiesn. Ich bin zwar kein Fanatiker, der jeden Tag da hin muss. Doch ich bin ein Eingesessener. Als Jugendlicher habe ich hier mit meinen Spezln für 5,75 D-Mark eine Maß getrunken. Heute ist die Wiesn für mich eine liebgewonnene Möglichkeit, mit Familie und Freunden zünftig und gepflegt feiern zu gehen und tolle Leute zu treffen – meistens im Käfer-Zelt, im Weinzelt oder Schottenhamel; mit einigen Wirten verbindet mich eine lange Freundschaft. Zusammen mit den Kindern gehe ich auch gerne mal auf die »Oide Wiesn«. In diesem abgetrennten Nostalgiebereich geht es noch ein bisschen volkstümlicher zu als auf dem Oktoberfest. Dort gibt es nicht zuletzt ein paar hübsche, kinderfreundliche Fahrgeschäfte, in denen selbst mir nicht schlecht wird.

Doch manchmal bekommt auch der Eingesessene auf der

Wiesn etwas Neues zu sehen. Dass das Schützenzelt eine amtliche Schießanlage hat, in dem sich tatsächlich Schützen treffen, hatte ich schon einmal gehört. Ich hatte aber nicht gewusst, wie groß diese Anlage ist.

Wir gingen durch eine streng bewachte Tür, danach gab es eine kurze Einweisung: Jeder hat fünf Schuss. Früher hat man dort Kleinkaliber benutzt, erzählte mir ein Bediensteter in Tracht, heute schießt man ganz modern mit Lasern. Die Zielscheiben sind etwa 15 Meter entfernt, eine recht ordentliche Distanz.

Ich stand in der Mitte der Reihe und war als Fünfter dran, legte an, konzentrierte mich ein paar Sekunden – Schuss! Ich hatte gleich das Gefühl: Der war gar nicht schlecht! Und bekam sofort die Bestätigung vom Anweiser, der mit seiner tiefen Stimme einen trockenen Kommentar abgab: »Hosd scho gwonna.« Was hatte ich gewonnen? Und wieso? Wir hatten ja gerade erst angefangen ... Doch er sprach aus Erfahrung – und er sollte zu meiner großen Freude recht behalten. Eine Stunde später bekam ich unter Applaus eine Kette mit gut dreißig verzierten silbernen Münzen umgehängt. Schützenkönig! Die Münzen mit Jahreszahlen hatten die Namen der früheren Schützenkönige eingraviert. Nun war es an mir, eine adäquate Silbermünze zu finden und meinen Namen auf diesem Weg hinzuzufügen.

Das hatte alles nichts damit zu tun, dass die Konkurrenz das Wiesn-Bier schlechter vertrug als ich. Aber die meisten Besucher hatten außerhalb der Wiesn noch nie geschossen, und selbst dort machten sie das vielleicht nur einmal im Jahr: mit dem Luftgewehr auf eine Plastikrose, auf dem Weg zurück zur U-Bahn, weil einem das Gehirn in diesem Aggregatzustand mit der hohen Stammwürze vorgaukelt, man sei ein edler Ritter, wenn »Mann« der weiblichen Begleitung eine künstliche und gar selbstgeschossene Rose schenke.

Einen militärischen Background habe ich zwar nicht. Mein britischer Pass hat mich davor bewahrt. Die Briten rufen einen nicht, sondern sie haben eine Berufsarmee. Und trotzdem: Es ist kein Zufall, dass ausgerechnet der bayerische Engländer in dieser illustren Gesellschaft Schützenkönig wurde. Wie kommt's?

In meiner Jugend bin ich mit meinem Vater oft nach Nordengland gereist, meist zu meinem Onkel, der in einem kleinen Dorf in der Nähe von Slaidburn wohnt. Schottland ist quasi gleich um die Ecke, es gibt Wälder zum Jagen und herrliche Flüsse zum Fliegenfischen. Die bergige, raue, aber zugleich sattgrüne, pittoreske Landschaft hat mein Bild von der Natur stark geprägt.

Freunde meines Onkels in Schottland kauften sich damals regelmäßig auf einer Jagd ein. Von Anfang an wurde klargemacht: Hier wird nicht rumgeballert wie bei John Wayne. Es gibt einen *gamekeeper*, einen Jagdleiter, der das zu jagende Tier vorher aussucht. Er hat ähnliche Aufgaben wie ein Förster in Deutschland. Dabei geht es auch darum, den Bestand einer Art zu kontrollieren, und nicht, diesen Bestand zu gefährden. Wir haben das Tier gestalked – daher kommt übrigens auch der Begriff des *stalking*. Wenn du das Tier gestellt hast, musst du es auch selbst zu Ende bringen: Du erlegst es waidgerecht, dann brichst du es auf, zerwirkst es, und dann, irgendwann, isst du es auf – mit Freunden, mit Verwandten, wem auch immer.

Wir hatten immer eine Fleischjagd, keine Trophäenjagd.

Ich finde es widerwärtig, Tiere zu töten, um sich selbst dadurch mächtiger zu fühlen und mit »Trophäen« zu schmücken. Bekannte meiner Eltern prahlten einmal damit, sie seien nach Südamerika geflogen, um Vögel zu schießen. Tausende hätten sie geschossen, und die seien dann einfach tot rumgelegen. Ich finde das pervers.

Es geht beim echten Jagen im Gegenteil darum, in guter englischer Tradition und in einem gewissen Einklang mit der Natur zu leben. Es gibt beim Jagen auch typisch britische, faire Regeln. Wenn wir zum Beispiel unterwegs waren, um *grouse* zu schießen – eine sehr schmackhafte Moorhuhnart –, dann hatte jeder zwei Schuss, mehr nicht. Wenn du das Tier mit diesen zwei Schuss nicht erlegst, ist es frei. Das sind Ansätze, mit denen ich mich als Jäger zu einem Teil der Natur mache: Ich habe es versucht, aber nicht geschafft, und dann gab es eben auch kein *grouse* zu essen.

Auch vor dem Erlegten hat man Respekt. Ich habe gelernt, mich von einem Tier zu verabschieden und mich zu entschuldigen, bevor es aufgebrochen wird. Ich habe umgekehrt noch heute eine Aversion dagegen, ein Stück Fisch oder Fleisch im Supermarkt zu kaufen, das womöglich aus einer Massenhaltung stammt, egal, ob diese um die Ecke oder Tausende Kilometer entfernt stattfindet.

Wenn man in einer Großstadt lebt, begegnet man der Jagdtradition wohl am ehesten wirklich noch rudimentär in einem Festzelt. Die Schützengilde etwa kam erstmals 1895 auf der Wiesn zusammen. Ich bin natürlich gerne Schützenkönig mit einem Lasergewehr geworden und stolz darauf. Im Alltag und in meinem Beruf bringt mir meine Jagderfahrung selten Vorteile, in einem Fall aber schon: Der Metzger meines Vertrauens weiß, dass ich weiß, wo am Tier was sitzt – dass ich also zum Beispiel den Unterschied zwischen einem Bürgermeisterstück (aus der Keule) und einem Meisel (aus der Schulter oder dem Hals) kenne. Dann bekommt man vielleicht auch einmal folgenden Satz zu hören: »Ich habe da heute etwas Besonderes für Sie ...«

Ich verbringe immer noch so viel Zeit wie möglich im Freien. Eine meiner größten Leidenschaften ist das Fliegenfischen. Und ich fahre auch immer wieder nach Nordengland in den Urlaub. Kürzlich war ich dort noch einmal zusammen mit meinem Vater. Diese Reise hat mir gezeigt, dass man niemals vorgeben sollte, die Natur wirklich zu kennen. Und dass man von ihr immer wieder überrascht werden kann.

Mein Vater und ich flogen nach Manchester. Nachdem wir unser Gepäck vom Band geholt hatten und durch die Schleuse gekommen waren, stand schon Onkel Malcolm breit grinsend am Ausgang, so wie früher: mit Halbglatze und einer Zigarette im Mundwinkel.

»Ellooo Francis, cumon, the ca' is outsaide« rief er mit seinem nordenglischen Akzent. Ich liebe ja diesen merkwürdig-schrulligen Lancashire-Dialekt, aber man muss sich hüten, ihn nachzuahmen – sie mögen das dort nicht, selbst wenn du mit ihnen verwandt bist.

Kaum waren wir im Dorf meines Onkels im Ribble Valley angekommen (um die Ecke von Slaidburn), gab es das erste große Hallo mit einem Teil der Familie. Wir tranken Boddingtons – ein leicht bitter schmeckendes Stout, das mit einer dicken Schaumkrone daherkommt, ähnlich dem irischen Guinness. Anschließend wollten mein Vater und ich uns ein bisschen die Füße vertreten. Die Wiesen hinter dem Haus meines Onkels lagen saftig und grün da, der Himmel war blau-weiß, mit wilden, dramatischen Wolken, die gleich über dem Horizont mit dem Wind Fangen spielten. Hier war ich als Jugendlicher viel unterwegs gewesen; auf der Burgruine namens Blacko Tower war ich oft herumgeklettert. Der hügelige Nordwesten Englands und die schottischen Highlands haben mich mindestens so geprägt wie das bayerische Voralpenland. Wenn ich in München bin und an diese Orte denke, beschleicht mich stets ein Gefühl wie Fern- und Heimweh zugleich. Hier scheint die Zeit stillzustehen. Und genau deswegen waren wir diesmal hierhergekommen – um dem hektischen deutschen Alltag zu entfliehen.

Wir spazierten durch die Moorlandschaft, die von den allgegenwärtigen moosbewachsenen Steinmauern durchzogen ist, wie sie für die nordenglische Landschaft typisch sind. Ein paarmal benutzten wir einen der sogenannten Überstiege – Steinstufen mit Holzgriffen in der Wand.

»Stell dir vor«, sagte mein Vater, »all diese Hunderte von Kilometern Steinmauern wurden damals von Sträflingen gebaut.«

Am ersten Morgen danach machte das englische Wetter seinem Ruf alle Ehre: Es goss wie aus Eimern. Die tiefhängenden grauen Wolken hingen wie Steine vom Himmel herab. Wir waren froh, dass wir noch ein paar Minuten in den Decken faulenzen konnten. Doch der Geruch von schwarzem Tee zog uns bald schon um die Nase. »Breakfast is ready!«, rief Onkel Malcolm. Er meinte es englisch gut mit uns: Es gab Spiegeleier, Speck, Bohnen und Grilltomaten.

»Leichte Kost am Morgen«, witzelte mein Vater.

Übrigens ist es ein Irrglaube, dass alle Engländer auf edle

Teesorten abfahren würden. Es gibt einen ganz simplen Tee der Firma Tetley, der meiner Meinung nach einfach göttlich ist – jedenfalls erinnert er mich an meine Granny, die immer fragte: »Would you like a brew?« Damit meinte sie eine herrliche Tasse schwarzen Tee mit Milch und Zucker.

Nach dem Frühstück liehen wir uns das Auto meines Onkels aus, denn wir wollten an diesem Tag noch Fischen gehen. Der Regen konnte uns wettergegerbten Raubeinen, die nur zufällig im Herzen Münchens wohnten, natürlich nicht davon abhalten. Erinnerungen an frühe Wanderungen stiegen in mir auf und machten mich ungeduldig. Ich kannte den Weg noch, als sei ich gestern erst dort gewesen: ungefähr 15 Meilen mit dem Auto, dann eine gute Meile zu Fuß.

Wir fuhren zunächst durch Sawley, ein entzückendes kleines Dorf am Fluss Ribble mit Ruinen eines Zisterzienserklosters aus dem Jahre 1147. Kurz darauf erreichten wir Stocks Reservoir, ein stilles Gewässer in einer hügeligen Moorlandschaft. Wir stellten das Auto an einer kleinen Einbuchtung ab und gingen mit unserer Ausrüstung zu Fuß Richtung Fluss. Es ging einen schmalen Waldweg hinauf, durch ein kleines Wäldchen, dann über eine Lichtung – immer einsamer und ruhiger wurde es um uns herum. Wir setzten schweigend, wie Männer das eben tun, unseren Marsch fort.

Bis mein Vater plötzlich fragte: »Was ist das denn da hinten?«

»Wo?«, fragte ich zurück.

»Na, da unter den Bäumen. Da hat sich etwas bewegt!«

Ich blickte forschend zum Waldrand rüber. »Da ist nichts«, sagte ich und wollte weitergehen. Doch auch wenn sich die Stimme meines Vaters gar nicht besorgt anhörte, so merkte ich doch, dass es in ihm arbeitete. Ich überlegte, wie ich ihn beruhigen konnte, ohne seine Unsicherheit bloßzustellen. »Bestimmt Rehe«, ergänzte ich demonstrativ gleichgültig.

Im nächsten Moment sah ich dann aber tatsächlich, wie sich ein Schatten aus dem Unterholz löste. Es war ein schwarzer Schatten, und er war groß. »Eine Kuh«, erkannten wir gleichzeitig.

Ich wollte schon weitergehen, doch da sagte mein Dad: »Da ist noch eine.« Und dann sahen wir eine dritte und eine vierte und eine fünfte. Wie eine majestätische Phalanx stellten sie sich auf: große und kleine, mutige und vorsichtige, alle irgendwie neugierig. Mit ihren großen Augen schauten sie wiederkäuend zu uns herüber, dann senkten sie ihre Köpfe und machten das, was sie eben meistens machen: fressen.

So weit, so gut. Aber auf die rund hundert Meter Entfernung sahen wir nun auch, dass eine Kuh deutlich größer war als die anderen. Und sie war auch gar nicht so süß schwarzweiß gescheckt wie die anderen Ladies, sondern nur schwarz.

»Er mustert uns«, raunte mein Vater, und jetzt steckte da doch etwas anderes in seinem Unterton.

Mich beschlich allmählich ein Gefühl von Unruhe. Ja, wirklich: Diese Kuh war ein Stier – und natürlich der Chef dieses ganzen Clans. Er stand da wie ein gigantischer 900-Kilo-Muskel, der kurz vor der Kontraktion war. Wie schnell konnte er wohl laufen? Wie weit waren wir entfernt?

Da stampfte der Bulle mit einem dumpfen »Pfump« seinen Huf in die Erde, gefolgt von einem bedrohlichen Schnauben. Nun schien es mir, als seien wir vielleicht doch keine hundert Meter entfernt, er wirkte auf einmal viel näher.

»Den interessieren doch keine Menschen auf einer Weide«,

sagte ich noch im versuchten Brustton der Überzeugung, ohne selber dran zu glauben.

Der Koloss schüttelte den Kopf, als ob er sagen wollte: »Falsche Antwort, Stadtmensch.«

Dann stürmte er los.

Mein Vater und ich setzten uns abrupt in Bewegung, instinktiv den Hügel hinab, auf die moosbewachsenen, vermutlich ebenfalls von Sträflingen erbauten hohen Steinmauern zu. Plötzlich liebte ich hart arbeitende Sträflinge! Wir liefen, was unsere von der Angelausrüstung beschwerten Beine hergaben. Hinter uns vernahmen wir wütendes Schnauben und das erdige Trommeln der Hufe. Als ich mich kurz umdrehte, um zu sehen, wie groß oder klein unser Vorsprung war, sah ich, wie riesige Grasbrocken hinter den Beinen des Stiers durch die Luft wirbelten. Die rettende Mauer war noch zwanzig Meter entfernt, noch zehn, dann fünf ...

»Klettern oder springen!?«, rief mein Dad.

In Anbetracht der Tatsache, dass wir beide nicht wie Pamplona-Touristen aufgespießt auf einem Horn enden wollten, krallten wir uns wie Elitesoldaten die Mauer hinauf und ließen uns mit einer einzigen Bewegung auf die andere Seite fallen, ohne zu wissen, was dahinter lauerte. Es war ... Dorngestrüpp.

Zu unserem Glück war die Fischereikluft, die wir trugen, buchstäblich hieb- und stichfest. Von der anderen Seite hörten wir das Schnauben unseres Verfolgers, bis er sich irgendwann enttäuscht zu trollen schien und wohl zurück zu seinen Damen stapfte.

»Bist du okay?«, fragte ich meinen Vater.

Er nickte und grinste. »Das glaubt uns niemand.«

»Du willst es ja wohl auch niemandem erzählen, oder?«, erwiderte ich.

Wir rappelten uns auf und prüften die Ausrüstung: Alles war okay.

Wir machten uns mit einem kleinen Umweg erneut auf, den Fluss zu erreichen. Kann nicht mehr weit sein, dachte ich. Ich zeigte in die Richtung einer kleinen Anhöhe. »Da lang.«

Als wir diese nach zwanzig Minuten erreichten, wurde mir schnell klar: Nichts war okay. Auf der anderen Seite war nicht, wie von mir erwartet, der wunderschön gelegene, romantische Fluss mit den heißersehnten Fischen, sondern – nichts. Rein gar nichts. Es gab Weiden mit Schafen, moosbedeckte Steinmauern, so weit das Auge reichte, aber keinen Fluss. Dafür die Gewissheit: Wir hatten uns verlaufen! Genauer gesagt: Ich hatte mich verlaufen. Offenbar hatte ich zwischen der Kindheitserinnerung und der Stierattacke die Orientierung verbummelt.

Ich musste mir an dieser Stelle erneut eingestehen, dass ich alles Mögliche bin, aber kein Naturbursche oder gar *local hero*, der sich in seinem Revier blind auskennt, die Navigation in den Genen trägt und keine spießigen Ortungstools braucht. Hätte der Deutsche in mir entschieden, ich hätte sicher die Karten mitgenommen, sie fein säuberlich gefaltet und natürlich in einer Cellophanhülle, gegen Feuchtigkeit geschützt, in einem Rucksack verstaut. Aber nein, natürlich musste der souveräne Engländer in mir entscheiden. Wir hatten schließlich schon ein Empire erobert, oder? Ich ärgerte mich über mich selbst, während mein immer misslaunigerer Vater und ich noch ziemlich lange durch die Gegend irrten.

Und das dauerte. Die Annahme, ich würde wenn schon

nicht den Fluss, so doch wenigstens unser Auto, ein Lokal zum Aufwärmen oder überhaupt irgendetwas Sinnvolles finden, entpuppte sich als unheimlich anstrengende Fehleinschätzung. Ich war halt nichts weiter als ein Freizeit-Highlander.

Nun setzte auch noch leichter Nieselregen ein. Die Vorstellung eines großartigen Nachmittags am Fluss entwickelte sich zum Rohrkrepierer. Eigentlich sollten wir nach meinem Plan längst an einem kleinen Lagerfeuer selbstgefangene Fische brutzeln. Stattdessen humpelten wir orientierungslos durch die grüne Landschaft, deren Charme mit jedem Schritt weiter flöten ging.

Die Natur ist eben etwas, das einen stets aufs Neue herausfordert, wie eine Sprache, die man vergisst, wenn man sie nicht regelmäßig anwendet. Trotzdem: Auch wenn ich eher als mitteleuropäischer Großstädter mein Dasein friste, so hat mich meine Zeit auf der Insel doch nachhaltig geprägt – und auch die dortigen Menschen und ihre Einstellung zum Leben.

Vor allem zur Teenagerzeit war ich viel mit meinem Vater und Uncle Malcolm unterwegs gewesen. Ich war gerade 16 geworden, als wir in meinen Schulferien nach Schottland reisten, nach Benmore und Inveraray, in der Nähe von Loch Fyne, einem Landstrich im Westen des Landes. Ich muss immer schmunzeln, wenn ich daran denke, dass die Engländer wie mein Onkel loch nicht richtig aussprechen können. Bei ihnen klingt es immer wie »Lock«, und ich bin nicht sicher, ob es nicht eine subtile Form von Rache der Schotten an den Engländern ist, quasi als Strafe für die verlorenen Schlachten in den schottischen Unabhängigkeitskriegen und dafür, dass ihnen bis heute die Rückkehr in die Unabhängigkeit verwehrt bleibt. Dad und ich, »se Germans«, können dieses vermaledeite loch jedenfalls sehr viel besser aussprechen. Doppelte Schmach für England, möchte man meinen.

Ich erinnere mich, eines Tages im Kaminzimmer von Inveraray Castle, dem wunderschönen Schloss und Familiensitz der Dukes of Argyll, gesessen zu haben. Wir warteten damals auf Jock, den *gamekeeper*. Denn auch in Schottland braucht man Erlaubnisscheine, um legal fischen und jagen zu können. Und man braucht jemanden, der sich in den Highlands und in den Moorlandschaften gut auskennt.

Jock, die schottische Koseform des Namens John, war ein stattlicher Schotte, wie er im Buche steht. Er hatte pechschwarzes Haar und einen struppigen Bart. Entfernt erinnerte er mich an Kapitän Haddock aus *Tim und Struppi*. Jock kannte das Land des Dukes wie seine Westentasche. Neben dem Gewässer-, Natur- und Forstschutz war es seine Aufgabe, das biologische Gleichgewicht im Revier zu gewährleisten. Dies wird unter anderem durch den kontrollierten Abschuss von Rot- und Damwild getan. Manchmal ist es Fremden erlaubt, gegen ein gewisses Entgelt auf die Jagd zu gehen und dabei das vorher genau ausgewählte Wild zu erlegen.

Mein Vater, Onkel Malcolm und ich saßen bei einer deftigen Mahlzeit und einem guten Pint Guinness zusammen mit Derek, Keith und Eddie, den besten Freunden meines Vaters und Onkels. Sie erzählten sich gutgelaunt alte Geschichten aus längst vergangenen, gemeinsamen Schultagen. Während ich den Gesprächsfetzen lauschte und das eindrucksvolle Familienwappen der Familie Argyll über dem Kamin betrachtete, wurde ich auf zwei Fremde aufmerksam, die offensichtlich ebenfalls auf Jock warteten. Ihrem markanten Dialekt war zu entnehmen, dass sie Deutsche waren, wohl aus Norddeutschland. Sie saßen wohlbeleibt in zwei Ohrensesseln aus Leder, tranken Rotwein und prahlten recht lautstark von ihren Abschüssen.

Der Dialog lief in etwa so ab:

»Hermann, Mensch, letztes Jahr um diese Zeit haben wir Büffel in Botswana erlegt.«

Der andere setzte lachend einen drauf: »Das ist aber nichts gegen den Löwen, den ich Ostern in Südafrika geschossen habe. Liegt jetzt bei uns daheim vor dem Kamin. Musste ich natürlich einweihen.«

Drauf der andere: »Mit deiner Frau?«

»Nee, mit dem Kindermädchen ...«

Donnerndes Lachen. In ihrer Großmannssucht bemerkten sie nicht, dass Jock gerade den Saal betreten hatte.

»Ein Löwe fehlt mir noch in meiner Sammlung, ich würde ihn neben mein Nashorn und den Bären hängen.« Und erneut dieses abstoßende Lachen.

Jock mochte ein einfacher Schotte sein, aber er war definitiv kein Idiot. Ein wenig später fragte er mich leise, was diese viel zu lauten Herren da vorhin geredet hätten, er habe das deutsche Wort für *lion* aufgeschnappt. Ich petzte gerne. Und ich bat ihn, denen am besten das Fell über die Ohren zu ziehen.

Ich werde nie seinen Blick vergessen! Jocks Miene verfinsterte sich, als er zu den beiden Deutschen hinübersah und etwas in seinen Bart knurrte.

Am nächsten Morgen – oder besser gesagt: mitten in der Nacht – klingelte schrill der Wecker. Ich sprang auf und stellte schockiert fest, dass es 4.30 Uhr war. Ich wollte gerade verwirrt ins warme Bett zurückfallen, als mein Vater hereinkam: »Guten Morgen, in einer halben Stunde rücken wir ab.«

Ich versuchte im Halbschlaf diesen Worten irgendeinen Sinn zu geben. Dann dämmerte es mir: Es ging zur Jagd.

Als ich schließlich ein paar Minuten zu spät nach unten kam, warteten alle schon auf mich: mein Vater, Onkel Malcolm, Eddie, Derek und Keith. Sie trugen den klassischen Tarn-Tweed, dicke Socken und festes Schuhwerk. Und sie blickten mich ernst an.

Ich wollte mich gerade entschuldigen, da nahm mich mein Vater zur Seite. »Konzentrier dich, die Jagd ist kein Kinderspiel.«

Es wurde kaum geredet, und ich begann zu begreifen: Heute ging es um mich. Jeder überprüfte noch einmal sein Gewehr und packte Munition in Gürtel und Taschen. »Heute ist dein großer Tag«, sagte Onkel Malcolm mit einem Grinsen im Gesicht. Dann gab er auch mir ein Gewehr. Mir wurde mulmig.

Draußen auf dem Hof standen zwei große Landrover bereit. Auf den Anhängern waren zwei merkwürdige Fahrzeuge vertäut: ArgoCats. Sie sehen aus wie Amphibienwannen, und Derek, der älteste Kumpel meines Vaters, erklärte mir, dass es sich genau darum handelte. Sie sind Allzweckwaffen in so schwer zugänglichen Ländern wie Schottland. Man kann bei ihnen Ketten aufziehen oder, wie in unserem Fall, sechs kleine Reifen.

Jock kam um die Ecke. »Guten Morgen, meine Herren, ich habe gestern den Hirsch aufgespürt. Er ist etwa eine Stunde nordöstlich von hier in den Bergen.« Er holte eine kleine Flasche Whisky hervor und ein traditionelles schottisches Trinkgefäß: einen kleinen flachen Becher, genannt *quaich* (später habe ich mal gelesen, das Wort stammt aus dem Gälischen: *cuach*, für Becher. Es hört sich sehr ähnlich an wie das deutsche

Wort »Kelch«). Das, was für die Indianer wohl die Friedens-
pfeife ist, wird in Schottland seit Jahrhunderten *quaich* genannt. Die Clanchefs ließen es stets im Kreis herumgehen. Jeder von uns nippte symbolisch oder nahm einen kleinen
Schluck. Dann stiegen wir mit den ungeladenen Gewehren in
die Jeeps.

Ganz beiläufig fragte Keith Jock, wo denn die beiden Deutschen seien. Jock erzählte, dass sie zum Fischen gehen wollten. Natürlich hätten sie nicht nach einem hübschen Ort gefragt, sondern den besten Platz gewollt, das beste Gewässer,
um viele Fische zu fangen, sie mit ins Schloss zu bringen und
am Abend zuzubereiten. »Und ich habe gesagt: Klar, ihr müsst
einfach drei Meilen den Fluss runter, da kommt eine kleine
Brücke, und dahinter habt ihr euren besten Platz.«

Ich fragte, warum er ihnen das verraten hatte. Da grinste
Jock. »Sie werden dort keinen Fisch fangen«, sagte er, »es gibt
dort gar keine. Aber sie werden heute Abend sehr, sehr hung-
rig sein, wenn sie nach dem Fußmarsch zurückkommen.«

Wir lachten. Das war die kleine Rache für ihre Großmannssucht, die man gegenüber einem bodenständigen schottischen *gamekeeper* besser für sich behalten sollte.

An jenem Tag schoss ich zum ersten Mal ein Tier. Als es ge-
schehen war, brach ich in Tränen aus.

»Es ist in Ordnung«, sagte mein Vater nach einer Weile ruhig. »Lerne das Leben zu schätzen, denn es ist das Kostbarste,
was es gibt.«

Ich schluchzte. »Weshalb musste ich es dann auslöschen?«

Jock stellte sich dazu, auch er tröstete mich: »Weil es getan
werden muss. Nur so bleibt die Natur im Gleichgewicht.«

Ich merkte, wie mich seine Worte beruhigten. Uncle Malcolm und Keith nahmen mir das Gewehr ab. Ich wollte das nie wieder tun. Hätte mir in diesem Moment jemand gesagt, dass ich 35 Jahre später in Deutschland den Jagdschein machen würde, ich weiß nicht, wie ich reagiert hätte ...

Wirklich besser ging es mir erst, als wir etwa eine Woche später im großen Saal des Schlosses feierlich den Hirschen verspeisten. Das Fleisch war butterzart und schmeckte einfach nur göttlich. Ich bedankte mich bei dem Tier und aß andächtig jeden einzelnen Bissen.

Heute weiß ich, dass zu einem Jagdschein weit mehr gehört als ein Gewehr. Es ist ein komplexes und anspruchsvolles Studium, bei dem man sehr viel über Biologie, Wildhege und Wildpflege lernt, auch über Naturschutz, richtige Fütterung, Schonzeiten, Spuren lesen (oder richtigerweise: Losung lesen). Man erfährt viel über das korrekte Ansprechen des Wilds, Artenvielfalt, Pflanzen, Bäume, Hunde, Federvieh und sogar, wie man anhand von gefundenen Knochen und Zähnen das korrekte Alter herausfindet. Wer weiß schon, dass der natürliche Feind des Wilds eigentlich der profitorientierte Bauer ist, der wichtige Lebensräume zerstört, um maximalen Ertrag zu erwirtschaften? Auch Monokulturen und der skrupellose Einsatz von Pestiziden sind in meinen Augen unverantwortlich. Ich mag zwar insgesamt eher ein Großstadtmensch sein – aber doch ein umweltbewusster.

Ernest Hemingway bei der Jagd, Zeichnung nach Robert Capa

Dranbleiben!

Zwischen Schule und Studium

Angelsachsen wird nachgesagt, sie seien lösungsorientierte Menschen. In die Alltagssprache übersetzt, heißt das: Mach's nicht so kompliziert, lieber mal mit dem Kopf durch die Wand. Im Fußball sagt man dazu *kick and rush*. Wohingegen der Kontinentaleuropäer leidenschaftlich nach Problemen sucht – und sie zur Not auch erfindet, damit eine Aufgabe nicht zu einfach wird, nach dem Motto: Sie müssen erst den Nippel durch die Lasche ziehen …

Meine Familie ist da durchaus repräsentativ. Mein englischer Vater sagt: »Lass dich nicht unterkriegen.« Meine deutsche Mutter sagt: »Du musst mit den Menschen reden.«

Ich würde schätzen, dass ich diesbezüglich etwa fünfzig Prozent englisch und fünfzig Prozent deutsch bin. Was ich zum Beispiel gar nicht gut finde, ist die sehr deutsche Haltung: Das schaffst du eh nicht! Da mag ich eher die Amis und die Engländer, die schon mal sagen: »Great idea, you can do it!« Man muss schon an das glauben, was man erreichen will, sonst wird man irgendwann zu zaghaft, zu ängstlich, traut sich nichts mehr zu. Ich bin sowohl meinem Vater als auch meiner Mutter äußerst dankbar dafür, dass sie mich zu einem weltoffenen, neugierigen und selbstbewussten Menschen erzogen haben, der andere Menschen, Tiere und Pflanzen ebenso respektiert wie sich selbst. Sie beide gaben mir Wurzeln und Flügel, und das ist das Wichtigste. Dafür liebe ich sie über alles. Diese Werte will ich auch meinen eigenen Kindern vermitteln.

Meine Mutter hat mir freilich oft genug gezeigt, dass sie überhaupt nicht zaghaft ist, wenn sie gerade keinen Sinn darin sieht. Sie konnte auch *kick and rush* spielen, wenn es sein musste. Gegen Ende meiner Internatszeit geriet ich einmal mit ihr wegen meiner Kleidung aneinander. Ich war wie immer an den Wochenenden aus dem Internat nach Hause gefahren, jenes Mal aber mit einer ziemlich zerrissenen Jeans.

»Wie läufst du denn rum?«, empörte sie sich.

Ich sagte, keine Angst, das sei cool, das trage man jetzt so.

»So kannst du vielleicht im Internat rumlaufen, aber nicht zu Hause. Wir fahren jetzt los und kaufen dir eine neue Hose.« Gesagt, getan. Widerstand zwecklos!

Wir fuhren also mit unserem alten 525er BMW Automatik in die Innenstadt und wollten im Parkhaus in der Herzog-Heinrich-Straße parken. Allerdings war es dort ziemlich voll, die Autoschlange vor der Einfahrt reichte bis ums Eck in die Josephspitalstraße, es ging immer nur meterweise weiter. Irgendwann rollten wir bis vor eine kleine Seitengasse, die natürlich von den vielen Autos permanent blockiert war. In diesem Moment schoss plötzlich ein Polizist von der anderen Seite auf uns zu. Ohne irgendeine Vorwarnung begann er sofort eine heftige Diskussion mit meiner Mutter: Sie stehe da widerrechtlich, sie habe gefälligst wegzufahren!

Meine Mutter blieb ganz gelassen und wies darauf hin, dass sie, wie alle anderen, auch nur in das Parkhaus wolle. Das war dem Beamten aber herzlich egal. Er faselte etwas von Ordnungswidrigkeit, sie solle sofort das Fahrzeug wegbewegen und so weiter.

Dies zog sich über lange Minuten hin und wurde in Wortwahl und Intensität immer heftiger. Schließlich brüllte der Mann mit sich überschlagender Stimme: »Wenn Sie nicht sofort wegfahren, nehme ich Sie augenblicklich wegen Widerstands gegen die Staatsgewalt fest!«

In dem Moment hatte er sich allerdings schon zwischen das Auto vor uns und unsere Kühlerhaube gestellt. Da nahm meine Mutter für einen ganz kurzen Moment, wie aus Versehen, den Fuß von der Bremse. Wir machten einen kleinen Hüpfer nach vorne, dann hatte sie das ausgelassene Pedal schon wieder unter der Sohle. Dieser »Hüpfer« hatte allerdings zur Folge, dass der Polizist nun auf der Kühlerhaube lag, seine Mütze war ihm vom Kopf gefallen.

Ich sah meine Mutter ungläubig und schwer beeindruckt an. »Mami, was machst du da, um Gottes willen?« Ich war fix und fertig.

Der Polizist hingegen flippte nun vollends aus. Dann aber stieg sein älterer Kollege aus dem Streifenwagen, er hatte Goldlametta auf den Schultern und wirkte sehr souverän. Er hatte alles mit angesehen. Zunächst rief er den jungen Kollegen zur Raison und sagte ihm, er sei aktuell gar nicht dienstbefugt, weil er gar keine Mütze trage, die solle er doch bittschön erst einmal aufheben. Dann ging der junge Beamte von dannen, der Ältere entschuldigte sich freundlich, es sei ja offensichtlich, dass meine Mutter hier in der Schlange stehe, der junge Mann sei etwas rüde gewesen, es sei sein erster Tag im Außendienst.

Dieser Vorfall hat mir eines klargemacht: Das, was meine Mutter getan hatte, war nicht einfach eine Provokation gewesen. Nein, sie hatte erkannt, dass sie in dieser Situation im Recht war – gefühlsmäßig, nicht im Sinne der Straßenverkehrsordnung. Sie hatte die zwischenmenschlichen Regeln verstanden und sie erst dann gebrochen, mit einem Überraschungsmoment. Die Bestätigung, dass sie nicht zu weit gegangen war, gab ihr der ältere Polizist, der keine Lust hatte, aus einer Mücke einen Elefanten zu machen und eine Person für eine kollektiv begangene Lappalie zu bestrafen.

Danach zog ich auch gerne die neue Hose im Internat an. Ja, ich trug sie noch lange, immer erinnerte sie mich an diesen Tag mit meiner Mutter im Auto. Spätestens seitdem weiß ich, dass ich die coolste Mutter der Welt habe.

Meine eigenen, sinnfreien Provokationen wurden seltener. Ursprünglich hatte ich mit ein paar Kumpels fest vorgehabt, es bei unserer Abifeier so richtig krachen zu lassen. Jahrelang hatten wir uns vorgestellt, wie wir 2000-Watt-Boxen in Richtung der Aula aufstellen und dann in dicken Autos durch ein Spalier von Motorrädern, auf denen die älteren Kumpels saßen, vorfahren würden, mit einer dicken Zigarre im Mund, im Smoking und mit Sonnenbrillen, unser Abiturzeugnis (diesen »Wisch«) abholen, dazu Queen »We Are the Champions« volles Rohr aufdrehen und mit den heißesten Mädels aus der Schule abzischen würden ...

Doch irgendwann ist man plötzlich so mit Erwachsenwerden beschäftigt, dass einem die Zeit für solche Flausen fehlt. Und man merkt zudem: Grenzen kann man auch auf interessantere Art und Weise ausloten.

Auf dem Weg dorthin fehlte mir nur eine Sache: Disziplin.

Eigentlich bekam man sie im Deutschland der achtziger Jahre ganz gut eingetrichtert. Doch ich, der lebensfrohe, um nicht zu sagen faule Sunnyboy, habe dafür Lehrer gebraucht, die es etwas mehr auf die englische Art tun, kundenorientierter sozusagen. Mit einem ermutigenden »Du schaffst das!« oder zumindest mit irgendeinem Anreiz.

Meine Lateinlehrerin, Frau Conrad aus Donauwörth, hatte schon gedacht, ich sei ein hoffnungsloser Fall. Doch dann sagte sie eines Tages: »Francis, wenn du mir versprichst, dass du in jeder Stunde anwesend bist, dann bekommst du eine Fünf.« Das war die Sprache, die ich verstand. Es war eine Win-win-Situation, ein pragmatischer Deal: Sie hatte die Chance, mir in ihren Stunden noch einen kleinen Rest an Lateinkenntnissen mit auf den Weg zu geben, und ich konnte mich auf andere Fächer konzentrieren, in denen ich genauso schlecht war. Mathematik zum Beispiel, insbesondere Stochastik, Infinitesimalrechnung oder die Frage, weshalb der Cartansche Differentialformenkalkül der Übertragung analytischer Begriffe auf Mannigfaltigkeit zugrunde liegt ... Ich habe es bis heute nicht verstanden.

Man muss einem Engländer schon etwas anbieten, wenn man ihn zu etwas zwingen will. Es war in der Tat Frau Conrad, der ich es verdanke, die 11. Klasse geschafft zu haben. Leider verstarb sie sehr früh. Ich habe nie vergessen, wie menschlich und großzügig sie mir gegenüber war.

Sehr geholfen hat mir auch Herr Götzfried, unser Leistungskurslehrer in Sozialkunde und Geschichte. Er hat mich gelehrt, dass ich mich ab und zu halt schon einmal auf den Hosenboden setzen muss. Wenn du ihm gezeigt hast, dass du dir Mühe gibst, dann war er milde. Wenn er aber merkte, dass du faul warst, hat der dich fertiggemacht. Eine ganz wichtige Botschaft für das Leben, für das man ja in der Schule angeblich lernt.

Am Tag meiner Zeugnisübergabe sprach ich *Macbeth* vor, in Zürich, bei meiner ersten Aufnahmeprüfung. Meine Schule hatte ich mit einem lapidaren Fax gebeten, mir das Zeugnis mit der Post an die Adresse meiner Eltern zu schicken. Ich wusste ja schon immer, dass ich Schauspieler werden wollte. Das ist in Deutschland so ziemlich die einzig vernünftige Möglichkeit, um Cowboy zu werden. Und das war immerhin mein Kindheitstraum. Wenn Freunde meiner Eltern meinten: »Mach doch was Vernünftiges, du hast doch alle Möglichkeiten, werde Arzt oder Jurist«, dann antwortete ich schon als Grundschüler vorlaut: »Na ja, wenn ich Schauspieler werde, dann kann ich eines Tages all das sein.«

In dieser Zeit hatte ich übrigens schon einige Komparsenrollen übernommen. Das erste Mal 1984 bei »Derrick«: Folge 111, »Manuels Pflegerin«. Manuel war Sascha Hehn im Rollstuhl, die Pflegerin wurde gespielt von Susanne Uhlen. Die beiden saßen in einem Café, und ich saß hinten in der Ecke. Ich habe dafür damals fünfzig Mark bekommen, für einen jungen Schüler natürlich ein prima Taschengeld.

Das war schon ein großes Erlebnis, auch wenn ich Horst Tappert schon früher einmal kennengelernt hatte. Als ich klein war, wurde nämlich einmal ein »Derrick« in unserer Münchner Wohnung gedreht – Folge 16, »Der Tod des Kolibris« von 1976. Ich muss neun gewesen sein, als Horst Tappert und Fritz Wepper bei uns im Wohnzimmer standen.

Fast zwanzig Jahre später spielte ich erstmals selbst in einem »Derrick« mit – Folge 227, »Nachtvorstellung«. Ich spielte darin einen Schüler, der kurzzeitig in den Verdacht geriet, der Mörder zu sein – erst in den letzten Sekunden wird klar, dass ich es nicht war. Ich beging einen Anfängerfehler: »Wir kennen uns übrigens …«, sagte ich zu meinen beiden Idolen. Wepper reagierte eher indifferent und nickend, Tappert blieb freundlich und gab sich interessiert. Ich bin sehr froh, dass ich den Großmeister des deutschen Krimis noch erleben durfte. Und mit Fritz habe ich inzwischen nicht nur zwei sehr witzige Komödien spielen dürfen, wir gehen auch manchmal gemeinsam zum Fischen.

Meine zweite Komparsenrolle, ebenfalls 1984, brachte mich mit noch größeren Stars zusammen. Der Film hieß »Wenn ich mich fürchte«, und ich spielte darin einen Krankenpfleger, der Horst Buchholz im Rollstuhl umherfuhr. Jahre später kreuzten sich unsere Wege erneut im Film »Die Grünen Witwen«. Ich war megastolz.

Mein Vater hatte schon früh verstanden, dass er mich von meinem Weg nicht mehr abbringen konnte. Er wusste, wie er mit einem Sturkopf wie mir umgehen musste. Als ich mal wieder darüber nachdachte, die Schule zu schmeißen, weil ich darin keinen Sinn mehr sah, packte er mich geschickt bei meiner Cowboy-Ehre. Es war ein Sonntagnachmittag bei ihm zu Hause, nach dem Mittagessen nahm er mich beiseite und sagte: »Wenn du jetzt gehst, dann hast du für deinen späteren Lebensweg einen Colt mit sechs Schuss. Aber wenn du die Schule durchziehst, hast du zwei Colts und immer mindestens sechs Schuss mehr als die anderen. Und wenn du studierst, hast du sogar noch einen gefüllten Patronengurt!«

Vor meinem geistigen Auge stand ich vor einer weiten, leeren, sandigen Straße, kaute langsam auf einem langen Grashalm, blinzelte in die tiefstehende Sonne, spuckte in den Sand und dachte bei mir: Verdammt noch mal, er hat recht.

Bevor es so weit war, gab es aber noch eine ganz andere Grenze auszutesten, eine, die vor 150 Jahren *the last frontier* genannt wurde. Ich hatte schon lange vorgehabt, zumindest für kurze Zeit, ein echter Cowboy zu sein. Nach dem Abitur erfüllte ich mir endlich den langgehegten Traum. Drei Wochen ritt ich mit drei anderen Abenteurern auf einem Trail von Arizona nach Utah – das volle, kitschige Programm: mit Gewehr und Wasserbeutel am Sattel, mit Lagerfeuer und Im-Freien-Übernachten, mit Beute schießen, ausnehmen und über dem Lagerfeuer grillen, dazu die Bohnen direkt aus der Pfanne löffeln. Das Ganze endete mit dem Ritt hinein ins Monument Valley. Es war unvergesslich, ich kam mir vor wie im Film und fühlte mich an jenem Tag unvorstellbar männlich. Wenn man an einem Ort wie diesem unter dem Sternenzelt liegt, dann kann man auch verstehen, warum Indianer gerne im Einklang mit der Natur lebten. Als ich ein paar Tage später im Flieger nach München saß, war ich ein Erwachsener geworden, der fortan zielstrebig ohne Kurven und Kindereien seinen Lebensplan umsetzen wollte.

Mein Vater hatte schon davor gesagt: »Schauspieler – okay. Aber du sitzt mir jetzt nicht zu Hause auf dem Sofa rum und träumst davon!« Er suchte sämtliche Bewerbungstermine für Schauspielschulen heraus, und ich stellte mir einen Reiseplan zusammen. Dann legte ich den Patronengürtel an.

Wie gesagt, Zürich war der erste Stopp. Ich wohnte im Hotel »Zum Goldenen Schwert« und dachte, das sei ein Zeichen. Doch am Morgen der Prüfung standen wir, ein Haufen hoffnungsfroher junger Menschen, Männlein und Weiblein, in der holzgetäfelten, Ehrfurcht einflößenden Aula der Schauspielschule. Ein netter, hilfsbereiter Mann tauchte auf und teilte den Bewerbern auf die altmodische Spreu-Weizen-Methode ganz pragmatisch mit, was der Unterschied zwischen Beruf und Berufung ist. Da haben wir uns im Wartesaal erst einmal kollektiv den Spruch abgeholt: »Es gibt auch andere schöne Berufe mit ›Sch‹ – Schreiner, Schuster, Schaffner ... Sie haben noch fünf Minuten Zeit zu gehen, lernen Sie etwas Vernünftiges.«

Ein paar sind tatsächlich gegangen. Ich bin dort bis zu einer Art Endausscheidung gekommen. Dann wurde es aber doch nichts.

Danach kam Bochum. Aber als ich dort am Bahnhof ankam, wusste ich: Bochum, ich komm nicht aus dir. Ich habe Herbert Grönemeyer in dieser Beziehung nie verstanden, ich hatte sofort Heimweh, sehnte mich nach Zwiebeltürmen, dem hohen Himmel und den Bergen. Ich bin in der ersten Runde rausgeflogen, nach drei Stunden war mein Gastspiel im Ruhrgebiet beendet.

Zurück daheim, ging es weiter an der Münchner Otto-Falckenberg-Schule. Dort bestand ich die erste Runde und hatte noch ein paar Wochen Zeit bis zur nächsten. In der Zwischenzeit bin ich nach Salzburg gefahren, ans Mozarteum. Die Ereignisse wiederholten sich: Ich kam unter die letzten Zehn, nur, um dann rauszufliegen. Das hat mich damals sehr mitgenommen. Es war trotzdem schön dort. Diese Schauspiel-Ochsentour ist wie eine Walz, ständig trifft man dieselben Leute, und Salzburg bleibt mir in Erinnerung wegen der Begegnungen mit irren, verrückten, interessanten Menschen, unter denen ich neue Freunde fand.

Weiter nach Wien ans Max-Reinhardt-Seminar. Da habe ich tatsächlich gleich zu Beginn eine Nummer bekommen, es war die 235. Ich wurde dann noch mal ein wenig rebellisch und habe gefragt, ob ich mir die Nummer vielleicht auch auf den Arm tätowieren solle. Das kam nicht so gut an. Ich war an jenem Tag schlecht drauf oder überfordert, auf jeden Fall bin ich gleich rausgeflogen. Eine wichtige Erfahrung habe ich dort aber gemacht: Zum ersten Mal stand ich auf einer wirklich großen Bühne und wurde von Scheinwerferlicht geblendet. Man bekommt ja als Theaterschauspieler meist gar nicht mit, was im Publikum vorgeht, obwohl es ganz nah ist. Eine seltsame Situation, an die man sich erst einmal gewöhnen muss.

Überhaupt bedeutet das Vorsprechen in einer fremden Rolle eine unheimliche Drucksituation. Viele sind ihr nicht gewachsen. Das Schlimme daran ist: Man weiß es vorher nicht. Womöglich hat man sich sogar auf die Herausforderung gefreut, und dann bricht man unter dem Druck zusammen. Das kann ein traumatisches Erlebnis sein, nach dem man die Finger von allem lässt, was Stress erzeugen könnte. Ein anderer blüht hingegen total auf.

Ich hatte definitiv meine Anlaufschwierigkeiten. Aber ich glaube auch, dass mein Werdegang mir geholfen hat, den Drucksituationen standzuhalten und weiter alles dafür zu tun, meinen Traumberuf ergreifen zu können: das Internat, das Aufwachsen als Scheidungs- und zugleich Einzelkind, das Englischsein mitten in Bayern. Man darf sich einfach nicht von seinem Ziel abbringen lassen. *You can do it!* Auch dann, wenn nicht alles so geradlinig verläuft wie gedacht.

Für die zweite Runde an der Falckenberg-Schule musste ich mir noch überlegen, mit welcher Rolle ich vor die Jury treten wollte. Ich erinnerte mich an ein Stück, das ich in der Abizeit an den Münchner Kammerspielen gesehen hatte: *Totenfloß* von Heiner Müller. George Tabori war der Regisseur, und darin spielte Jan Biczycki die Rolle des »Kuckuck«. Viel Wasser auf der Bühne, abgefahrene Monologe – als Zuschauer ein irres Erlebnis. Die endzeitliche Stimmung in diesem Stück – aufgeführt kurz nach der Katastrophe von Tschernobyl – sowie Biczyckis charismatischer Auftritt hatten mich schwer beeindruckt. Ich wollte mich an einem Vorbild messen, ihn wollte ich spielen.

Das Problem war: Wie sollte ich so kurzfristig an den Text kommen, um ihn einzustudieren? Niemand, den ich fragte, hatte das Stück gesehen, es war doch ziemlich unbekannt.

Eine Woche vor der Prüfung bekamen wir Besuch von einem Freund meines Vaters, der wusste, dass ich Schauspieler werden wollte. »Du«, sagte er nach der Begrüßung zu meinem Vater, »das lag bei mir zu Hause rum, vielleicht kann dein Sohn ja was damit anfangen.« Es war eine Ausgabe der *Theater heute*. Am nächsten Tag blätterte ich dann darin und dachte, mich tritt ein Pferd: Darin war der komplette Text von *Totenfloß*! Das sind Momente, in denen man das Gefühl hat: Das Schicksal meint es gut mit dir. Du musst es nur wollen!

Mit Vorfreude lernte ich also den »Kuckuck« auswendig und fuhr zur Falckenberg-Schule. Dann der Schock: Als ich in den Vorführraum gerufen wurde, stand Jan Biczycki vor mir! Mir rutschte das Herz in die Hose, und mir war schlagartig klar, dass ich den »Kuckuck« nicht spielen konnte. Was sollte ich jetzt nur tun?

In diesem Moment zum Beispiel wäre ein problemorientierter Ansatz hilfreich gewesen: vorher mal darüber nachzudenken, was alles passieren könnte. Die Kammerspiele und die Falckenberg-Schule arbeiteten ja zusammen, es war also gar nicht so unwahrscheinlich, dass Biczycki in der Jury saß. Doch ich hatte Glück: Biczycki erkannte meine Lage. Er fragte, was denn los sei, und ich erklärte ihm, dass ich den »Kuckuck« einstudiert hatte, den ich jetzt aber beim besten Willen nicht spielen könne, vor ihm, der den »Kuckuck« so grandios gespielt hatte. Biczycki lachte sich schlapp und meinte, ich solle mich erst einmal wieder beruhigen, dann würden wir eben etwas anderes spielen.

Aus irgendeinem Grund haben sie mich dann trotzdem genommen. Die Wege des Herren sind offensichtlich unergründlich – und auch nicht immer auf den ersten Blick ersichtlich. Ich dachte, den Text des »Kuckuck« zu finden sei bereits ein Wink des Schicksals gewesen. Stattdessen kam ich mir vor, als stehe ich bei der Aufnahmeprüfung mit heruntergelassenen Hosen da. Vielleicht hatte mich mein Malheur ein wenig menschlicher aussehen lassen.

Eigentlich wollten sie mich nach der Probezeit gleich wieder rausschmeißen, und das lag bei weitem nicht nur an dem Verweis, den ich mir eingehandelt hatte. Ich sei »undurchlässig«, sagten einige der Lehrer, was so viel bedeutet wie: Die innere Einstellung und die äußere Darstellung wollen einfach nicht zusammenpassen. In meiner jugendlichen Naivität sagte ich damals, ich würde mich bemühen, an meiner Durchlässigkeit zu arbeiten. Daraufhin lachte sich das Kollegium halb tot, einer sagte: »Aber Herr Fulton-Smith, Duuurchlässigkeit kann man doch nicht lerrrnen, eeeentweder man hat sie oder man hat sie niiicht ...«

Die Rollenlehrer waren also gegen mich. Mein großes Glück

war, dass ich unter den Techniklehrern der Schule auf Mentoren stieß, die mich weiter fördern wollten und empfahlen, mich noch eine Weile zu behalten.

Die erste war die Gesangslehrerin Grete Lindinger, Gott hab sie selig. Sie war die Frau des bekannten Burgtheaterschauspielers Hugo Lindinger, aber auch selbst eine Lehrinstanz. Sie sagte in ihrem Wiener Dialekt immer: »Woaßt, Francis, was i dir sog: As Spuin lernst auf der Schauspielschule nicht. Da kannst a Technik lernen. Und dafür kummst zu mir. Des Spuin, des lernst du erst draußn auf der Bühne.« Sie hatte recht. Grenzen aufgezeigt zu bekommen ist manchmal auch befreiend.

Der zweite wichtige Mentor an der Falckenberg-Schule war Reinhard Riemerschmid. Er war eigentlich ein bekannter Architekt, nach dessen Plänen zum Beispiel in den siebziger Jahren die Münchner Kammerspiele renoviert wurden. Was viele nicht wissen: Er war auch ein begnadeter Fechter. Zwar schon ein alter Mann, der uns junge Hüpfer aber mit links niedergefochten hat. Man hatte keine Chance gegen ihn, obwohl er physisch völlig unterlegen war. Er hat die Klinge so schnell und fein geführt, dass jeder Angriff verpuffte. Das, was er uns vermitteln wollte, kann man mit »gelassener Präzision« zusammenfassen. Verkrampftes Fechten gibt es nicht. Man muss ein lockeres Handgelenk haben. Er lehrte Fechten an der Schauspielschule, weil es da Parallelen gibt: Wenn du spielst, musst du ebenfalls präzise und zugleich gelassen sein, das ist ein ganz feiner Grat, so fein wie die Klinge eines Samuraischwerts.

Der Dritte und für mich bis heute wichtigste im Bunde ist Professor Martin Gruber, mein Aikido-Lehrer. Ich will jetzt nicht zu pathetisch klingen, aber er ist bis heute mein geistiger und spiritueller Halt. Mein Lehrmeister, der mir klargemacht hat: Man braucht beides, Wurzeln und Flügel. Und beides kann man hervorragend beim Aikido trainieren.

Es ist mein Lebensmotto. Ai ist die Harmonie, Ki die Kraft, Do der Weg – also: der Weg aus Kraft und Harmonie. Aikido ist auch viel mehr eine Kampfkunst als ein Kampfsport. Es funktioniert nur mit einem Partner, auch wenn man gewisse Schwertübungen alleine durchziehen kann. Viel läuft über Timing und den Atem. Sich mit dem Atem zu verbinden, das gibt es ja auch beim Yoga und der Meditation. Beim Aikido stellt man aber fest, dass, wenn man sozusagen gemeinsam atmet, man zu einer gewissen Synchronisierung kommt; es entsteht eine Art Tanz – nicht wie bei Karate, wo man die Kraft blockt und den anderen bricht, nein, vielmehr nimmt man die Absicht des Gegenübers auf und leitet sie weiter. Das ist der Harmonie-Teil.

Das richtige Atmen muss man nicht auf einen Sport reduzieren. Auf der Bühne oder am Set kann man das genauso brauchen. Und dort benötigt man ebenfalls Teamwork, gemeinsames Timing. Beim Fußball zum Beispiel ist es so: Wenn ein Spieler von der Seite in die Mitte flankt, muss er wissen, in welche Richtung und wie schnell sein Mitspieler läuft. Er muss also ein Bewusstsein für den Mitspieler haben. Eingespielte Fußballer können das, ohne hinzusehen. Beim Aikido geht es um Kontaktaufnahme und nonverbale Kommunikation.

Die einfachste Form der Kommunikation ist: Ich schlag dir den Schädel ein. Urzeitmäßig – Keule, bumm. Das wäre sozusagen die niedrigste Stufe der Kontaktaufnahme zwischen Menschen. Diese Absicht kann ich vorher erkennen. In diesem einfachen Fall habe ich ja Zeit. Wenn mir jemand eine Keule auf den Kopf hauen will, dann muss er sie erst greifen, hochheben, ausholen. Ich habe also viel Zeit zu reagieren.

Aikido ist eine Sprache, in der das Vokabular aus Bewegungen besteht. Je länger ich es übe, umso besser kann ich auch komplexere Verhaltensweisen deuten – und verstehen, welche Absicht einen Menschen bei bestimmten Bewegungen antreibt.

Aber bevor es so weit ist, muss man Bewegungsabläufe einstudieren. Immer und immer wieder. Bis man irgendwann die Freiheit entwickelt, die festen Bewegungsabläufe zu verlassen.

Es dürfte klar sein, warum das für Schauspieler besonders hilfreich ist: Je besser ich mein Gegenüber einschätzen kann, umso mehr kann ich auf seine Bewegungen, sein Spiel, eingehen. Das gemeinsame Spiel wird dadurch harmonischer. Es ist wie ein energetischer Tanz. Sowohl beim Aikido als auch in der Schauspielerei läuft viel über eine geregelte Atmung. Sie gibt einem Halt und Konzentration. Und weil man all dies auch im täglichen Leben anwenden kann, ist Aikido für mich auch außerhalb des Berufs zum Lebensprinzip geworden.

Das hat noch andere Gründe: Aikido schärft die Sinne und kann einen wahnsinnig pushen. Einmal haben wir uns um fünf Uhr morgens bei Sonnenaufgang in einer alten Scheune getroffen. Die meisten der dort anwesenden zwanzig Aikidokas hatten schon viele Jahre Erfahrung.

Niemand redet miteinander. Im Gegenteil, wir schweigen gemeinsam. Dann kommt der Meister, man verneigt sich, dann kommt der Großmeister, man verneigt sich, man wärmt sich ein wenig auf. Dann macht man Übungen mit dem

Schwert, die Übungen werden mit dem Atem verbunden, man geht mehrmals bestimmte Bewegungsformen in alle Himmelsrichtungen durch, es dauert exakt sechzig Minuten. Danach ist man energetisch so aufgeladen, dass man ganz anders in den Tag startet. Das ist schon etwas anderes, als morgens gähnend in die Küche zu schlurfen und zu fragen: »Ist mein Kaffee fertig?«

Eines der wenigen Dinge, die mich an meinem Beruf stören, sind die Arbeitszeiten. Ich kann zum Beispiel nur sehr selten zu den Dojo-Zeiten trainieren, also dann, wenn die Aikido-Hallen geöffnet sind. Doch die gelernten Atemübungen helfen mir zum Beispiel auch bei Drehpausen. Man kann irre viel Stress über den Atem abladen, und ich kann jedem nur empfehlen, es einmal zu versuchen. Auch dann, wenn gerade der Regisseur oder der Chef ankommt und einen neuen Ordner Arbeit mitbringt.

Leider sind die Öffnungszeiten der Dojos oft nicht kompatibel mit dem Alltag beim Dreh. Deshalb widme ich mich heute mehreren Formen: zum Beispiel Tactical Solutions for Defense (TSD) bei Michi Grüner. Man trainiert Techniken mit Langwaffen, Kurzwaffen, Clinching, Kicking, Boxing. Aber fast am wichtigsten ist es, sogenannte *escape techniques* zu trainieren, Fluchttechniken also. Man hat festgestellt, dass in der Regel der klassische *street fight* nach spätestens dreißig Sekunden am Boden landet und in wildes Gerangel übergeht. Da ist es hilfreich, wenn man weiß, wie man sich schnell und effizient befreit, um hochzukommen und Abstand zu gewinnen. Ich gehe in München aber auch regelmäßig zum Kickboxen. Mladen Steko, mein Lehrer, nennt mich den »verrückten Engländer«, weil ich keinen Rückwärtsgang kenne.

Natürlich geht es mir nicht darum, mich in einem echten *street fight* messen zu wollen. Der beste Kampf ist der, der gar nicht erst stattfindet. Ich bin auch ein ganz guter Sprinter. Wenn mir etwas zu brenzlig werden sollte, flitze ich lieber davon. Die Liebe zum Western hat mich auch das gelehrt: Der Friedhof ist voller Helden.

Doch es gibt noch mehr, was man aus Kampftechniken lernen kann: Spiritualität. Sie droht in unserer hektischen Zeit oft unterzugehen. Entschleunigung ist deshalb ungemein wichtig. Ich stelle mir das folgendermaßen vor: Ich möchte beispielsweise am anderen Ende des Zimmers zum Schrank gehen und ein Glas herausholen. Mein Gehirn spielt kurz durch, was ich machen muss, und stellt diesen Film für meinen Körper bereit, baut für ihn die Energie auf, die er dafür braucht. Wenn ich nun losgehe, in diesem Moment aber das Handy klingelt, liegt diese Energie quasi ungenutzt in meinem Körper herum. Und wenn das Handy zwanzig Mal am Tag klingelt, jedes Mal, wenn ich mit meinen Gedanken gerade woanders bin, dann bekomme ich einen Energiestau. Unsere Welt ist so hektisch, unser Leben mittlerweile so durchgetaktet, dass wir im Dauerstau stehen. Aber unser Körper, unsere Seele, ist wie ein Gefäß. Wenn es überladen ist mit Energie, läuft es irgendwann über.

Der Engländer in mir geht in so einem Fall gerne Fischen – und ist dann erst einmal nicht zu erreichen.

Wenn es darum geht, die Energie mal wieder so richtig fließen zu lassen, idealerweise auch noch im Bereich der Kampfkunst, dann gibt es gerade für Schauspieler ein besonders großes Vorbild: Bruce Lee. Viele seiner Filme mögen recht brutal sein, aber der 1973 verstorbene Lee Jun-Fan (so sein bürgerli-

cher Name) hat auf philosophischer Basis seine eigene Kampf-
form entwickelt. Einer seiner Leitsprüche lautet: »Empty your
mind. Be formless, shapeless, like water. If you put water into
a cup, it becomes the cup. Put it into a bottle, it becomes the
bottle (...). Water can flow, or it can crash: Be water, my friend!«
Ich denke, diese Metapher hilft nicht nur beim Sport, sondern
auch in der Schauspielkunst und im Leben. Im Idealfall stellen
wir unseren Geist und Körper der Rolle, dem Charakter, zur
Verfügung. Ich bin also wie ein Gefäß, in welches die Rolle hi-
neingefüllt wird und bei dem Technik und Text helfen, das Gefäß in Form zu bringen. Es geht immer um die Form. Man
kann nur etwas weglassen, wenn man vorher die Form zu hundert Prozent beherrscht hat. Es ist enorm wichtig, dass man
erst einmal die Regeln lernt, also die Parameter, innerhalb de-
rer wir uns bewegen. Und zwar richtig lernt! Sauberes Schwert-
ziehen, präzise Bewegung, Ein- und Ausatmen.

Vielen Menschen ist nicht klar, wie viel Disziplin in unserer
Branche nötig ist. Manche glauben immer noch, das Leben von
Musikern oder Schauspielern sei nichts anderes als *Sex, Drugs
and Rock 'n' Roll*. Das ist ein dummes und verklärtes Bild. Heute
hat sich in vielen Bereichen die Leichtigkeit verflüchtigt und ist
dem Konformitäts- und Kommerzialisierungsdruck gewi-
chen. Heute wollen alle immer mehr in immer weniger Zeit erreichen. Bei einem Erfolgsformat wie beispielsweise »Familie
Dr. Kleist« hatten wir 2003 für 45 Minuten noch 11,5 Drehtage.
Heute sind es für 45 Minuten nur noch 6,5 Tage. Der Druck,
qualitativ weiterhin auf höchstem Niveau zu arbeiten, wird für
alle Gewerke immer stärker. Film ist knallhartes Business.
Eine sehr mächtige Frau sagt an dieser Stelle oft: »Wir sind hier
nicht bei ›Wünsch dir was‹, sondern ›So isses‹!«

In den jungen Jahren als Schauspieler bin ich noch viel nachts unterwegs gewesen, aber der Beruf durfte deshalb nie zu kurz kommen. Ich erinnere mich noch, als ich eines Abends – oder besser: Morgens – meinen besten Freund und späteren Trauzeugen überraschte. Wir waren in Berlin um die Häuser gezogen und hatten es krachen lassen. Als wir nach Hause kamen und er noch kurz meine Zimmertür öffnete, um mir eine gute Nacht zu wünschen, fiel ihm die Kinnlade herunter: Ich lernte gerade meinen Text für den nächsten Arbeitstag, der in drei Stunden beginnen würde. Ein englisches Sprichwort sagt: »If you can't take the time, don't do the crime!« Oder auf Deutsch: Wer feiern kann, kann auch arbeiten! Ehrensache!

Nur selten ist die Disziplin sichtbar, die in einem Film steckt. In der »Spiegel-Affäre« war sie es natürlich. Die Rolle des Strauß ist schon eine enorme physische und psychische Belastung, der man ohne ausgeprägte Disziplin kaum standhält, abgesehen davon, dass dieser Film, für den ich alles gegeben habe, auch seine unsichtbaren Aufgaben hatte. 200 Stunden Filmmaterial zu sichten beispielsweise, um Franz Josef Strauß nicht nur gewichtsmäßig, sondern auch menschlich näherzukommen.

Erwachsenwerden bedeutet, Grenzen mit Disziplin zu überwinden, nicht mit Provokation. Irgendwann sollte jeder an den Punkt kommen, zu verstehen, dass das Brechen von Regeln erst Sinn macht, wenn man sie verstanden hat und beherrscht. Aber ich will mich nicht als Oberlehrer aufspielen. Ich bin auch momentan weit davon entfernt, nach Nepal ins Kloster zu gehen. Genauso wenig rudere ich ständig gegen den Strom, um an die Quelle zu kommen – viel zu anstrengend, so etwas pausenlos zu tun. Es gibt ja auch Tricks: Einfach mal ans Ufer schwimmen und zu Fuß weitergehen. Da kommt man auch ans Ziel. Und es ist nicht ganz so schweißtreibend.

Stets bemüht, die britische Seite kennenzulernen

The London Years

Meine erste große Rolle spielte ich 1993 im Film »Madame Bäurin«. Der phantastische Franz Xaver Bogner führte damals Regie, Hannah Schygulla und Franz Xaver Kroetz waren mit dabei, Julia Stemberger und ich spielten ein Liebespaar. Die Premiere war am Sendlinger-Tor-Platz, und ich war ziemlich stolz darauf, als junger Hupfer, der gerade von der Schauspielschule kam, das riesige Konterfei mit meinem Namen über einem Kino zu sehen.

Danach wurde ich ab und an auch schon mal auf der Straße angesprochen. Was einen jungen Schauspieler einerseits ehrt. Andererseits wurde mir klar, welches Bild viele Menschen von mir hatten. Oder besser, welche Schablone sie über mich gelegt hatten. »Du bist doch dieser englische Schauspieler?«, hieß es gerne mal. »Ja«, antwortete ich dann wahrheitsgemäß.

Ich erinnere mich an einen neugierigen Mittdreißiger mit roter Jacke, weißen Turnschuhen und einem frechen Blick, der mich ausgerechnet in der Nähe des Premierenfilms am Sendlinger Tor um ein Autogramm bat – ich war gerade auf dem Weg zum Viktualienmarkt. Er hatte mir die gleiche Frage gestellt, hakte dann aber nach:

»Ja, aber wer hat dich denn dann synchronisiert in ›Madame Bäurin‹?«

Der Film war komplett in bayerischer Mundart gedreht, was mir freilich keinerlei Probleme bereitet hatte. »Ich bin in Bayern geboren und aufgewachsen«, erwiderte ich.

»Ah, geh weida ...«, meinte der andere daraufhin nur.

Es ist schon schade und auch etwas frustrierend, wenn dir qua deines Namens eine Fähigkeit abgesprochen wird, und sei es die bayerische Mundart. An diesem Tag wurde mir wieder einmal klar, was ich in dieser Phase meines Lebens fast schon verdrängt hatte: Es hat mich immer ein bisschen belastet, hier der Engländer, dort der Deutsche zu sein – nichts Halbes und nichts Ganzes. Manchmal vermittelt es einem das Gefühl, nirgendwo richtig dazuzugehören, so, als herrsche ein letzter Rest Fremdheit in einem. Anhand weniger Merkmale wird man automatisch als Dazugehöriger oder als Halbfremder eingestuft.

Eine wichtige Frage schlich sich in meinen Lebensalltag ein, zuerst unterbewusst, dann immer deutlicher, bis ich sie irgendwann auch formulieren konnte. Ich erinnere mich noch genau an den Tag: Ich war gerade aufgestanden, die Sonne schien. Ich ging ins Bad und putzte mir die Zähne. Ich sah in den Spiegel und fragte mich: Was ist eigentlich mit dem Engländer in dir? Du lebst in Deutschland, du arbeitest in Deutschland, du bist als Bayer abgestempelt, aber irgendwie auch wieder nicht, abends gehst du auf einen Schweinsbraten ins Wirtshaus, aber du hast deine Verwandtschaft schon ziemlich lange nicht mehr gesehen ...

Hinzu kam: Eine Beziehung war gerade in die Brüche gegangen. Solch eine Gemütslage bietet bekanntlich einen guten Nährboden für weitreichende, hormongesteuerte Entscheidungen. Ich war noch nicht einmal vom Bad bis in die Küche gegangen, da hatte ich schon einen Entschluss gefasst – einen ziemlich verrückten: Entweder du gehst jetzt für längere Zeit nach England und findest heraus, wer du bist. Oder du lässt das Gequatsche sein, von wegen »Ich bin Engländer«.

Ich packte kurzerhand meinen Koffer und flog am nächsten Morgen nach London. Man könnte jetzt einwenden, dass London nicht England sei. Aber erstens wollte ich ja gerade nicht zu meinen Verwandten nach Nordengland, sondern etwas Neues erleben. Und zweitens war ich jung, verdammt noch mal! Ich wollte etwas von der Welt sehen, hören, fühlen. Außerdem empfand ich es auch als ein Wandeln auf den Spuren meiner Eltern. Sie hatten eine Weile im westlichen Stadtteil Ealing gelebt, dort bin ich gezeugt worden.

Gute fünf Kilometer östlich von Ealing stieg ich im Regent Hotel in Queensgate ab, südlich des Hyde Parks (heute heißt es »Double Tree by Hilton«). Auch wenn ich dort nur ein kleines Zimmer und ganz bestimmt keine Suite hatte, so war das doch eine ziemlich noble Sache: Das Hotel hatte eine weiße, verspielte Fassade, und vieles an dem Gebäude war noch original erhalten aus den 1870er Jahren. Manchmal ließ ich mir Kaffee in einer vornehmen silbernen Kanne sowie Sandwiches zum Frühstück aufs Zimmer bringen und blickte dann kauend und im Bademantel am Fenster stehend hinunter auf die Straße, wo Touristen Museumsviertel erkundeten und ab und zu der Wagenmeister des Hotels die Tür eines großen schwarzen Autos öffnete, aus denen Frauen in kurzen schwarzen Kleidern ausstiegen.

Mein Plan war, hier so lange zu wohnen, bis ich einen WG-Platz gefunden hatte. Etwas anderes konnte man sich schon im London der neunziger Jahre als Berufsanfänger gar nicht leisten. Aber ich war naiv und dachte mir: Eine Wohnung findet mich. Ich lass es einfach auf mich zukommen. Die klassische Bestellung beim Universum ...

Ich stürzte mich also ins Londoner Nachtleben. Ich wollte Menschen kennenlernen, um so schnell wie möglich meinen Koffer ein zweites Mal aufzumachen, und zwar für länger.

Was folgte, war die wildeste Zeit meines Lebens.

Ich hatte zwei wichtige *gatekeeper* zu dieser pulsierenden Stadt, die man zwar schon auf den ersten Blick schön finden kann, deren zahlreiche Geheimnisse sich aber erst viel später offenbaren. Die eine war meine damalige Pressesprecherin. Sie hatte einen Freund, der zu dieser Zeit ein hohes Tier in einer amerikanischen Bekleidungsfirma war. An meinem ersten Abend – oder besser: in meiner ersten längeren Nacht – in London, nahm mich Jamie mit in die Voodoo Lounge, ein sehr abgefahrener Club mit edlen Möbeln und hohen Decken. Die Wände waren indirekt illuminiert, die Farben wechselten sich ab von Weiß bis Lila. Es gab Cocktails, deren Namen ich zuvor noch nie gehört hatte und die wirklich köstlich schmeckten. Die Leute waren sehr stylisch angezogen, und ich konnte mich nicht erinnern, wann ich zuletzt so viele atemberaubend schöne Frauen an einem Ort gesehen hatte.

Die Party war bunt gemischt, *eurocrowd* nannte man das, im Gegensatz zu *habibicrowd*. Habibis waren weniger beliebt. Nicht etwa aus Vorurteilen, sondern weil die Araber einfach mit unfassbar viel Geld um sich warfen und wir da nicht mithalten konnten – zum Beispiel bestellten sie eine Flasche Champagner Nebukadnezar für 3000 Pfund –, und sie bestellten immer nach.

Jamie stellte mich Madeleine vor. Sie ist eine der großartigsten Frauen, die ich je kennenlernen durfte. Sie spricht sechs Sprachen fließend, hatte damals bereits platingraue Haare, wuchs in Gstaad auf und hatte einen Bruder namens Chick. Mittlerweile lebt sie in Marrakesch und leitet mit ihrem Mann einige Boutique-Hotels. Sie war damals ein sogenannter »Promoter«, also jemand, der die Leute auf Listen setzen kann. Ich kenne keine andere Stadt, in der mehr über »I should be on the list« läuft als in London. Oft muss man auch Mitglied sein, um dazuzugehören. Madeleine war auf jeden Fall extrem gut vernetzt. Ich kenne das von anderen Orten, an denen ich länger gelebt habe, nicht. In München etwa geht alles über persönliche Kontakte, selten über Mitgliedschaften.

Ich hatte schnell eine Art Nachtleben-Wohnzimmer, in dem ich mich heimisch fühlte und zu dem ich immer wiederkehrte. Mourad Mazouz, genannt Momo, kannte ich aus Paris. Ihm gehört dort bis heute das 404, ein Restaurant unweit des Centre Pompidou. Ich hatte ihn über eine ehemalige Freundin kennengelernt. Er erzählte mir damals, er wolle ein weiteres marokkanisches Restaurant in London eröffnen. Gesagt, getan, und schon war ich einer seiner ersten Stammkunden – und zwar nicht nur im hübschen, authentischen Maghreb-Restaurant Momo's in der kleinen Heddon Street nahe des Piccadilly Circus und nicht nur in der gemütlichen Kamia-Bar mit ihren Wasserpfeifen und dicken Kissen, sondern auch im Keller. Das war der Club. (Inzwischen besitzt er neben Momo's auch das legendäre Sketch in der Conduit Road.)

Als Mitglied bekam man dort einen kleinen Ausweis aus Blech mit einer Nummer; es sah aus wie ein Requisit aus einem alten Edgar-Wallace-Krimi. Meiner hatte tatsächlich die Nummer 007! Ohne dieses Ding durfte man die enge Treppe neben dem Eingang nicht hinunter. Und auch das erst, nachdem man oben einen Tisch zum Abendessen reserviert hatte.

Was alles dort unten passiert ist – nun ja, viel ... Es verhält sich damit in etwa so wie mit Geschehnissen in einem Zelt auf dem Oktoberfest. Darüber heißt es bekanntlich: »Was im Zelt passiert, verlässt das Zelt nicht.« Es waren auch immer wieder bekannte Leute dort, und es wäre nicht fair, ihre kleinen oder manchmal auch größeren Sünden in die Welt hinauszuposaunen. Außerdem wäre das unserem damaligen Lifestyle komplett zuwidergelaufen: Leben und leben lassen. Damals gab es noch keine Selfies, es wurde nicht alles für das Ego in sozialen Netzwerken ausgeschlachtet, sondern man wollte ein Teil des Ganzen sein.

Das Schöne an dieser Untergrundbar war: Es war völlig irrelevant, ob du prominent warst oder nicht – wir genossen dort einfach das Leben. Jeder durfte so sein, wie er war. Wir waren unbefangen und gleichzeitig doch so unterschiedlich. Und damit meine ich nicht nur, dass es egal war, welche Hautfarbe oder Religion man hatte, sondern auch, was man außerhalb dieser Räumlichkeiten tat. Eine Bar, in der sich sowohl Madonna als auch Shimon Perez blicken ließen und die dort behandelt wurden wie alle anderen auch, darf man mit Fug und Recht als weltoffen bezeichnen.

Es war eine wahnsinnig unbeschwerte Zeit. In den achtziger Jahren hatte der alternative Bevölkerungsteil Londons fast schon Atemnot angesichts der einschnürenden Sozialpolitik der Eisernen Lady Margaret Thatcher. Protestkultur und politische Polarisierung beherrschten das Leben außerhalb der Arbeit, sofern man einer solchen nachging. Die Neunziger hingegen hatten etwas Befreiendes. London lebte nachts auf und baute seinen Ruf als eine der besten Partystädte der Welt aus. Und ich war mittendrin. Manchmal konnte ich mein Glück kaum fassen. Nicht selten kehrte ich erst im Morgengrauen ins Hotel zurück und schlief mich dort erst mal richtig aus.

Nach dem Aufwachen stieg allerdings Tag für Tag ein zunehmend beklemmendes Gefühl in mir auf, das man nachts mit Single Malt und Gin Tonic ganz gut bekämpfen konnte: Wie sollte es weitergehen? Mir ging allmählich das Geld aus. Es kam, wie es kommen musste: Irgendwann war der Koffer wieder gepackt, obwohl mich meine Wohnung immer noch nicht gefunden hatte.

An meinem letzten Tag im Hotel, ein paar Stunden vor dem Rückflug nach München, rief mich Hamid an, den ich aus dem Nachtleben kannte. »Are you still flat-hunting?«, fragte er.

Ich antwortete, eigentlich schon, aber dass ich nun auf dem Weg zum Flughafen sei und wohl nicht mehr zurückkommen werde.

»Aber dann schau doch noch schnell in der WG meines Cousins vorbei. Er hat gerade mit seiner Freundin Schluss gemacht und einen Platz frei. Liegt sowieso auf dem Weg zum Flughafen.«

So stieg ich also mit meinem Koffer an der Underground-Station Earls Court der Piccadilly-Linie aus und lief die 300 Meter durch South Kensington hinunter zur Old Brompton Road. Nette Ecke, dachte ich. Mein erster Eindruck war: Das ist das Schwabing Londons: ruhig und zentral, vom Aussehen her so aufgeräumt, dass es fast spießig wirken könnte. Mir kam es freilich »jünger« als Schwabing vor, künstlerischer. Und es gab eher Reihenhäuser als Villen. Dabei konnte man die Lebenskunst, die aus jedem offenen Fenster zu strömen schien, förmlich riechen.

Hamids Cousin David empfing mich, ich kannte ihn bereits flüchtig. Er zeigte mir die Wohnung: eine Dreier-WG auf ungefähr sechzig Quadratmetern. Sie hatte ein winziges Wohnzimmer, eine noch winzigere Küche, ein winziges Bad, und mein mögliches Zimmer war unfassbar winzig: Ein Bett, ein Schreibtisch, mehr passte eigentlich nicht hinein, vielleicht noch ein Regal, und dann musste man sich schon überlegen, in welcher Richtung man sich am besten umdrehte, ohne anzustoßen. Die Wohnung im ersten Stock lag zudem im hässlichsten Haus der Straße.

»How much?«, fragte ich.

2000 Pfund im Monat. Nicht für die Wohnung – für das Zimmer.

Ich schnaufte durch. Noch drei Stunden bis zum Flug. Wie viel war es mir wert, noch eine Weile meine englische Seele baumeln zu lassen? War das jetzt einfach nur eine kurze Auszeit, bevor mich der Schauspiel-Alltag einholen würde? Ein dreimonatiges Staatsbürgerpraktikum, in dessen Zeugnis am Ende steht: »Er war stets bemüht, seine britische Seite kennenzulernen. Wir wünschen ihm für seinen deutschen Lebensweg alles Gute«?

Nein, ich musste den Stier bei den Hörnern packen. Zumal die Hörner ja noch lange nicht abgestoßen waren. Nun gut, dann hatte mich eben keine Wohnung gefunden, sondern ein kleines Loch. Das Wichtigste war doch: Wenn ich vor die Tür trat, dann war da London! Die einzig wahre Geliebte.

Misst man die reine Lebenszeit, die ich fortan in jener WG

verbracht habe, dann lag die Miete nicht weit unter dem, was ich im Hotel am Hyde Park gezahlt hätte. In der Praxis lief es nämlich meist so, dass ich unter der Woche in Deutschland arbeitete. Am Freitag, so früh wie möglich, flog ich dann nach London, um dort das Wochenende zu verbringen, und stieg am Montagmorgen meist recht übermüdet wieder in den Flieger nach Berlin.

Ich habe mich in London als Engländer heimisch gefühlt. Aber der Deutsche in mir hat mir dabei geholfen. Denn als ein gewöhnlicher Nordengländer hätte ich mir London überhaupt nicht leisten können. Aber der Münchner, der gerade Schauspieler geworden war, der konnte das hinbekommen. »Everything falls into place«, sagt man dazu gerne. Ich hatte damals das Gefühl, dass mich meine Vita nach London gebeamt hatte. Dass es gar nicht anders sein durfte und sollte. Meine englische und meine deutsche Seite, die oft miteinander gekämpft hatten, hatten einen Friedensvertrag geschlossen.

In der WG hatte ich zwei Mitbewohner. Der eine war ein deutscher Banker aus Frankfurt, wir nannten ihn den »geek«, der andere war David, dessen Cousin mir den Kontakt besorgt hatte. David heißt eigentlich Daoud und kommt aus Afghanistan. Dank ihm – und dank seiner Mutter, die mir ein Kochbuch schenkte – weiß ich, wie göttlich die afghanische Küche ist und wie herzlich die Menschen sein können aus einer Region, die in unseren Nachrichten leider fast nur wegen trauriger Ereignisse Erwähnung findet. Auch dafür ist London gut: Man trifft so viele Menschen aus so vielen Ecken der Welt, dass man lernt, das zu verstehen, was uns alle verbindet.

Allein mein turf, wie die Engländer gerne ihre unmittelbare Nachbarschaft nennen, hatte schon viel Liebenswertes. South

Kensington galt aber auch als hip. Sogar Simon, der heutige Manager des Momo's, war damals Barkeeper und ziemlich beeindruckt. »*Of course*«, sagte er mit einem Schuss Sarkasmus in der Stimme, als er hörte, dass ich in der Old Brompton Road wohnte – »*posh boy!*« (In etwa: »Du neureicher Bursche!«)

South Kensington war hip und heimelig zugleich, denn es gab vieles, was es einem leichtmachte, sich heimisch zu fühlen. Dort liegt das Restaurant Star of India zum Beispiel, eins der besten indischen Restaurants, die ich kenne. Der Besitzer ist mittlerweile ein guter Freund, zu dem ich immer noch Kontakt pflege. Oder, direkt vis-à-vis von unserer Haustür, das Troubadour. Dieses Pub ist eine Kreuzung aus Literatur-Café und Rock 'n' Roll-Tempel, es hat das Leben in diesem beschaulichen Straßenzug nachhaltig geprägt. Früher traten hier Bob Dylan oder Jimi Hendrix auf, später Adele und Ed Sheeran – alle meist lange, bevor sie bekannt wurden. Zu meiner Zeit gab es dort auch immer wieder Geheimgigs von Stars wie dem Ex-Rolling-Stone-Mitglied Mick Taylor. Ende der neunziger Jahre änderte das Troubadour mit seinem netten Souterrain-Hinterhof und den vielen Nostalgie-Blechschildern an der Wand ein wenig sein Gesicht, nicht unbedingt zum Schlechten: Nun fanden hier regelmäßig Poetry-Slams statt, nebenan zog das Troubadour-Weingeschäft ein. Sagen wir mal so: Allein von meinem Geldbeutel hat das »Troub« in dieser Zeit durchaus profitiert.

In Londons Partyszene stieß man buchstäblich beiläufig auf Prominente. Ich habe viel erlebt in Clubs wie dem Lizard oder The Rock. Ein paar meiner absoluten Highlights sind mir im Nobu widerfahren – ein schlichtes, aber zugleich bis heute eins der stylishsten japanischen Restaurants im Herzen von

Mayfair, mit Blick auf den Hyde Park. Robert de Niro wurde dort später Teilhaber – einer der zahlreichen Ableger des berühmten Restaurants befindet sich in Hollywood. Das Nobu hatte auch eine legendäre Bar, man konnte dort nach dem Essen also Party machen – Leute wie Boy George legten dort Platten auf. Es war ein Laden, der in gewisser Weise sogar seine Kellnerinnen weltberühmt machte. In Deutschland ist das Nobu vor allem dank Boris Becker bekannt, der dort 1999 in einer Seitenkammer mit Angela Ermakowa seine Tochter Anna zeugte.

In London auf die Toilette zu gehen kostete damals an vielen Orten obligatorisch ein Pfund. Nachdem die Geschichte mit Boris' Eskapade bekannt wurde, war die Geschäftsführung des Nobu findig genug, für einen Blick in die Kammer des berühmten Fünf-Sekunden-Akts fünf Pfund Eintritt zu verlangen. Ein hübscher Nebenverdienst. Heute darf man das alles so offen schreiben, weil Boris Becker inzwischen selbst ebenso offen mit diesen »teuersten fünf Sekunden seines Lebens« umgeht. In einem Interview mit der *Radio Times* im Jahr 2015 sagte er, wenn er eines Tages mit den drei Wörtern »Tennis«, »Wimbledon« und »Nobu« in Verbindung gebracht werde, sei er stolz.

Viele Stars gaben sich hier die Klinke in die Hand. An einen Abend erinnere ich mich ganz besonders gut. Ich hatte wahnsinnig viel getanzt, mir war heiß, und ich ging kurz hinaus, um frische Luft zu schnappen. Da standen schon etwa hundert Fotografen vor der Tür, und ich dachte mir: Wow, jetzt passiert gleich was, das schaust du dir mal an.

Plötzlich tauchte eine Armada an schwarzen Limousinen auf. Zuerst stieg ein halbes Dutzend baumlanger schwarzer

Muskelprotze in Anzügen aus, sie trugen allesamt Sonnenbrillen und viel Bling-Bling. Danach ebenso viele farbige Ladies, eine schöner als die andere. Dann trat ein vergleichsweise kleiner Mann in mein Sichtfeld, einer der Hünen legte ihm einen coolen Mantel um. Er hatte ein mit Brillanten besetztes Handy am Ohr, und trotz der großen Sonnenbrille erkannte ich, dass es Puff Daddy war. Dann sagte er mit tiefer Stimme ins Telefon: »Hang on, I need to take a picture.« Welch Untertreibung – es brach ein minutenlanges Blitzlichtgewitter los. Anschließend verschwand er mit seiner Entourage im Club. Wahnsinn, das war mal ein PR-Auftritt ...

Mein persönliches Highlight widerfuhr mir an meinem 31. Geburtstag. Ich war mit meinem Mitbewohner David und ein paar weiteren Kumpels im Nobu und stand gerade an der Bar, um eine Runde zu bestellen, als sich ein Typ neben mich schob. »Na, wie läuft's?«, fragte er beiläufig.

Ich sagte: »Prima«, und fragte, ob ich ihm auch einen Drink anlässlich meines Geburtstags spendieren dürfe? Dann wurde mir klar, dass ich seine Stimme kannte, und ich starrte ihn an: Vor mir stand Robbie Williams!

Mir rutschte augenblicklich das Herz in die Hose. Er lachte, schlug mir auf die Schulter und sagte, klar ließe er sich einladen, aber ich müsse schon zu ihm an den Tisch kommen. Ich sagte, das sei sehr nett von ihm, aber er habe doch sicher mit seinen Freunden Besseres zu tun als mit einem Typen, der gerade einen Fan-Herzinfarkt erlitten habe ...

Er winkte ab, lachte erneut und sagte im tiefsten nordenglischen Akzent: »No, it's really fine, come on then, birthday kid!«

So stolperte ich hinter meinem Idol her, an meinen Kumpels

vorbei, denen allesamt die Kinnlade herunterfiel. An Robbies Tisch saßen ein paar ungewöhnlich hübsche Frauen und ein Mann mit einem Lockenkopf, der mir zunächst den Rücken zugewandt hatte.

Robbie sagte: »Lenny, say hello to our birthday kid.«

Besagter Lenny drehte sich um, und ich bekam meinen zweiten Herzinfarkt: Es war Lenny Kravitz! Wir haben dann alle einen Gin Tonic getrunken, danach habe ich mich höflich verabschiedet, um die Erinnerung und das beste Geburtstagsgeschenk meines Lebens noch ein wenig mit meinen Kumpels zu feiern. So war das, damals in London.

Doch dieses London der Neunziger hatte noch etwas ganz anderes parat: Raves. Es war eine Zeit, in der geheime Partys noch geheim blieben, weil es das Internet zwar schon gab, aber noch keine sogenannten sozialen Netzwerke. Auf irgendeiner Website wurde damals ganz kurzfristig bekanntgegeben, wo ein bestimmter DJ in der kommenden Nacht auflegen würde. Nur wer die Website kannte, fand auch den Ort. Dort wurde dann alles für die eine Nacht aufgebaut, meist in leerstehenden, modrigen Hallen, dann wurde bis in die Morgenstunden getanzt, danach alles wieder abgebaut. Ein logistischer Wahnsinn.

Die DJs kamen oft aus Deutschland: Marusha, U96, Felix, Westbam, Paul van Dyk, aber auch andere Größen wie Moby, Graham Gold und Faithless. Da merkte man den Engländern unter den Londonern – auch wenn das gar nicht allzu viele waren – schon an, dass sie das ein bisschen wurmte. Technomusik, von vielen als letzte große musikalische Innovation angesehen, war ein Import vom insgeheim bei manchen Engländern seit dem Krieg verhassten Kontinent. Das hatten die

Deutschen den Engländern voraus – englische DJs zumindest gab es in diesem Bereich nicht allzu viele.

Endgültig ausgezogen aus meiner WG bin ich schließlich im Jahr 2004, um zu heiraten. Es war kein leichter Abschied nach all den Jahren, doch zu diesem Zeitpunkt fühlte es sich richtig an, weil nun ein neuer Lebensabschnitt auf mich wartete. London mit Kindern, das konnte ich mir beim besten Willen nicht vorstellen, dafür ist die Stadt viel zu laut, viel zu verrückt. Um sesshaft zu werden, gibt es (jedenfalls für mich) keine bessere Stadt als München. Und manchmal muss man weit reisen, um nach Hause zu kommen.

Zwischen E und U

Kino und Theater

Ich sah den Schriftzug über dem Kino, als wir mit dem Auto daran vorbeifuhren. Jetzt kam mir meine Mutter nicht mehr aus: Sie musste umdrehen. Seit ich ein kleiner Junge war, hatte ich auf diesen Moment gewartet, den mir nun der Zufall durch eine Autoscheibe hindurch schenkte.

Ich muss 15 Jahre alt gewesen sein an jenem Tag, als wir nach Passau fuhren, um meine Omi zu besuchen. 15 deshalb, weil ich diesen einen Film alleine noch nicht anschauen durfte – meine Mutter musste als erwachsene Begleiterin mitkommen.

Hunderte Male hatte ich den Soundtrack gehört, meine Eltern hatten die Schallplatte abends oft aufgelegt. Ich lag dann meist schon im Bett, doch die Tür war noch auf, weil man als Kind ja im Dunkeln Angst hat. Das Licht schien durch den Türspalt, die Musik habe ich immer gut gehört. Ich kenne jede Note, weiß an jeder Stelle, wie lange die Mundharmonika den Ton hält, es ist mir vertrauter als jedes Wiegenlied.

Meine einzige optische Assoziation war das Cover der Schallplatte. Den Film durfte ich all die Jahre natürlich nicht sehen. Bis wir dann zwischen Donau und Ilz in die Stadt hineinfuhren. Dort sah ich auf der linken Seite ein kleines Kino, von denen es ja damals noch viel mehr gab als heute. Und in großen roten Lettern stand dieser Titel an der Fassade »Spiel mir das Lied vom Tod«!

»Mami, Mami, halt an!«, rief ich. Sie hatte mir nämlich leichtsinnig versprochen, irgendwann mit mir in diesen Film zu gehen. Jetzt mussten meine Großeltern eben warten.

Es war für mich wie eine Offenbarung, endlich die Musik von Ennio Morricone in Kombination mit den gewaltigen Bildern von Sergio Leone zu sehen. Und hat mich in meinem Vorhaben gefestigt, Cowboy … ich meine natürlich: Schauspieler zu werden.

Weitere großartige Filme folgten, darunter klassische Ballerfilme und epische Spaghetti-Western – »Django«, »Für eine Handvoll Dollar«, »Die Glorreichen Sieben«. In Letzterem spielt auch Horst Buchholz mit, und mir wurde erst später klar, dass er mit diesem Film von 1960 ein früher deutscher Vorreiter in Hollywood war – und als solcher irgendwie ein Vorbild.

Sergio Leone wurde einmal gefragt, was denn seine Western von jenen unterscheide, die beispielsweise John Ford (»Rio Grande«, »Der schwarze Falke«) gedreht hat. Leone meinte sinngemäß: »Bei John Ford scheint immer die Sonne. Wenn bei mir einer aus dem Fenster schaut, wird er umgelegt.« Der erste Teil des Zitats spielte wahrscheinlich auf Fords Film »The Sun Shines Bright« an.

Archaische Charaktere haben es mir seit jeher angetan. Ebenso großartig finde ich »Lawrence von Arabien«, das ist schlicht ein Stück Kinogeschichte. Außerdem spricht er mich schon deshalb an, weil Peter O'Toole in dieser grandiosen Rolle all das Gute und zugleich Böse vereint, das Engländer in der Welt angerichtet haben.

Auch wenn ich mich in den Rollen als Franz Josef Strauß und Hermann Göring als Charakterdarsteller beweisen durfte, so bin ich noch länger einem großen Publikum unter anderem als Arzt und Familienvater Dr. Kleist, aus Rosamunde-Pilcher-Filmen und vom »Traumschiff« bekannt. Auch deshalb muss ich kurz den imaginären Colt aus dem Halfter ziehen und mich outen: Ich liebe Western! Ohne Western wäre ich nicht das, was ich heute bin. Als ich die Bilder von »Spiel mir das Lied vom Tod« sah, wusste ich, was ich mit meinem Leben anfangen wollte.

Beruflich wurde ich früh auf die Schienen gesetzt, die in Richtung romantischer Sonnenuntergang mit Happy End führen. Und ich bin dankbar dafür, alleine schon, wenn ich an die tollen Drehorte und die phantastischen Kollegen denke, die ich kennenlernen durfte. Doch vieles war auch schlicht Zufall. Ich hatte das große Glück, schon als junger Schauspieler Filmrollen angeboten zu bekommen, bei denen ich überhaupt keinen Grund hatte, sie auszuschlagen. Ich merke ja, womit mich die Leute auf der Straße assoziieren. Die meisten sagen: »Sie sind doch der Doktor Kleist, oder?« Andere (schon deutlich weniger) bringen mich mit Pater Castell in Verbindung. Ansonsten hängt es immer davon ab, was gerade in den Wiederholungen läuft. Ich fühle mich durchaus wohl in dieser Schublade; es gibt schlimmere Schicksale, als mit einem fürsorglichen Arzt in Eisenach gleichgesetzt zu werden oder mit einem Sonderbeauftragten des Vatikan.

In den neunziger Jahren wurde das Fernsehen zunehmend zu meiner Heimat. Mit meiner Theaterkarriere hatte ich hingegen ein wenig Pech, weil mein erster Theatermentor Pech hatte. Die Karriere von Jürgen Flügge, einem mutigen, innovativen Intendanten und Regisseur, ging damals ungewollt in eine andere Richtung, und ich kannte sonst noch nicht viele Regisseure. Eigentlich wäre ich gerne am Theater geblieben.

Natürlich gibt es auch in der Kunst und vor allem am Theater Seilschaften. Ich empfinde das sogar als positiv! Weshalb? Wenn man langfristig mit einem Regisseur zusammenarbeiten, sich dabei entfalten und gemeinsam wachsen kann, dann ist das ein enormer Glücksfall. Peter Zadek und Ulrich Wildgruber, Peter Stein und Bruno Ganz, Dieter Dorn und Lambert Hamel, Claus Peymann und Gert Voß, Elia Kazan und Marlon Brando, Martin Scorsese und Robert De Niro – sie alle prägten mich und Generationen junger Schauspieler, und ich würde noch heute viel dafür geben, einen Theaterregisseur dieses Kalibers zu finden, der den Mut hat, mit mir auf die Reise zu gehen ...

Ich realisierte erst viel später, warum es diese unsichtbare Mauer zwischen Theater und Fernsehen gab und diese zu einem großen Teil immer noch besteht. Es scheint wie eine Grenze zwischen ernsthafter und unterhaltender Kunst. Ganz verstehe ich das nicht. Ich persönlich kann einem Rosamunde-Pilcher-Film genauso viel abgewinnen wie einem Klassiker von Monty Python, bei dem ich mich kaputtlachen kann. Ich habe gerne auf dem Traumschiff irgendwo auf dem Atlantik in die Sonne geblinzelt, aber mich auch mit viel Hingabe auf das politische Terrain der Spiegel-Affäre begeben. Passt das zusammen? Ich meine schon. In Deutschland allerdings sind ernste und unterhaltende Kunst offenbar nicht einmal mehr Schubladen, sondern weit voneinander entfernte verstaubte Einbauschränke, einer mit einem E, einer mit einem U auf der Tür. Da können sich die Engländer noch so sehr von der EU trennen, mit der Verbindung zwischen E und U klappt es bei ihnen viel besser als bei uns. Anspruchsvolles und Komödie, das große Theater und der Klamauk, wird in Deutschland wie Trennkost behandelt. Dabei gehört das alles zusammen zum Leben, das wir Schauspieler ja abbilden sollen: die kribbelnde Liebesgeschichte ebenso wie die Darstellung des Bösen.

Wenn ich in meiner Kinder- und Teenagerzeit meine Großeltern in England besuchte, lief dort oft »Coronation Street« im Fernsehen. Es gab kein Entkommen. Die Serie läuft seit 1960 permanent. Darin sind Menschen schon geboren und gestorben. Zurzeit wird sie fünf Mal die Woche gesendet, und es ist so, als habe man tatsächlich ein paar Straßen weiter Kameras aufgestellt, die rund um die Uhr das Leben der Menschen filmen. Durch die ständige Wiederholung gewöhnte ich mich irgendwann daran und entwickelte sogar ein gewisses Interesse dafür. Denn es war eine Form von Fernsehen, die es so in Deutschland damals noch nicht gab.

Hans W. Geißendörfer hat erklärt, die Idee für die »Lindenstraße« sei ihm bei einem London-Besuch gekommen, als er »Coronation Street« anschauen musste – eigentlich wollte er seine Freundin besuchen, die dann aber nicht viel Zeit für ihn hatte. Abgesehen davon, dass wir die »Lindenstraße« also einer mäßig gepflegten Fernbeziehung zu verdanken haben, hatte Geißendörfer ein Problem: Er hatte viel weniger Möglichkeiten, das wahre Leben zu zeigen (oder das, was er dafür hielt), weil Deutschland noch gar nicht bereit war für eine lebensnahe Seifenoper. Unser Fernsehen war früher so brav, dass Sendungen wie »Ein Herz und eine Seele« oder »Klimbim« wie moralische Bomben in den holzgetäfelten Wohnzimmern einschlugen – und das auch erst in den Siebzigern.

Geißendörfer musste sich zunächst mit den Programmchefs herumschlagen, die ihm nur eine Folge pro Woche statt zwei zusagten, außerdem hätte er die »Lindenstraße« gerne im Hauptabendprogramm gesehen. Doch die Skepsis war größer als die Risikofreude der Programmmacher. Und es gab noch einen anderen Unterschied zwischen »Coronation Street« und »Lindenstraße«, den ich erst nach Jahren dingfest machen konnte. In der deutschen Variante wirkte alles ein kleines bisschen weniger authentisch, schlichtweg steriler. Es fehlten die Feinheiten, die das Leben ausmachen, die sich aber nicht in Dialogen fraglos guter Schauspieler widerspiegelten. Was außerdem fehlte, waren Dialekte. Es gab sie nur als Ausnahme, etwa bei Else Kling. Eigentlich spielt die »Lindenstraße« in München, aber sie darf ja gar nicht in München spielen, denn, so die Bedenken der Produzenten, dann wäre sie nicht mehr repräsentativ für ganz Deutschland.

In »Coronation Street« ist es hingegen so: Die Serie spielt in einem Vorort von Manchester, unweit der Heimat meines Vaters. Mir war deshalb lange nicht bewusst, dass in der Serie aus dem Arbeitermilieu fast ausschließlich in nordenglischem Dialekt gesprochen wird – fast alle Engländer, die ich kannte, sprachen ja so. Umgekehrt fiel mir eben auf, dass in der »Lindenstraße« fast niemand Bairisch spricht, obwohl sich diese Straße doch in München befinden soll.

Ich glaube, die Zuschauer sind für Ungewöhnliches im Fernsehen oft offener als jene, die während einer Produktion aus Angst, einen Flop zu produzieren, den Daumen senken. Dabei gibt es durchaus eine lange Liste an großen Erfolgen, dort, wo man sich traute, einmal etwas anders zu machen. »Dinner for One« zum Beispiel, wo alles auf Englisch belassen ist und ein

Sprecher nur zu Beginn erklärt, was dieses »Same procedure as every year, James«, bedeutet. Oder »Das Boot«, in dem viele Dialekte vorkommen. Geschafft hat es der Dialekt zumindest in die Komödien und auch ins klassische Vorabend-Programm, wenn auch fast nur auf Bairisch – »Der Bulle von Tölz« hat es bewiesen, auch schon in den Achtzigern etwa »Monaco Franze«. Im Kino gibt es seit ein paar Jahren einen Trend zum Mundartfilm – aber in Sachen kommerzieller Erfolg kommt dieser kaum über Bayern hinaus. Der Rest ist meistens Verballhornung: Dialekt spricht, wer dumm dargestellt werden soll. Der Schwabe etwa in »Der bewegte Mann« (»Brüschte! Titten!«).

Wer ist also schuld daran, dass wir in Fernsehen und Kino dialektfrei sprechen? Wenn man der Sache auf den Grund geht, kommt man zu einem kuriosen Ergebnis: die Amerikaner und die Engländer! Genau genommen: die Synchronisation ausländischer Filme. Wer wäre in den sechziger Jahren schon auf die Idee gekommen, einen Cowboy plötzlich sagen zu lassen: »Ei vabibsch, gänse fleisch ma da Hände hochnähm?« Das hätte wenig bedrohlich gewirkt. Mutter Beimer, vor dem Fernseher sitzend, hätte da gefragt, warum die Menschen in Arizona jetzt plötzlich Sächsisch sprechen, und in Hessen hätte ein empörter Zuschauer einen Leserbrief geschrieben und gefordert, dass im Gegenzug Charles Bronson die Stimme von Heinz Schenk bekommt.

So kam es selbst in eigenen Produktionen zum hochdeutschen Konsens, und das, obwohl die Menschen in Deutschland seinerzeit noch viel mehr Dialekt sprachen als heute. Ich will mich gar nicht wissenschaftlich in die Frage vertiefen, ob an diesem Rückgang vielleicht sogar das Fernsehen selbst schuld ist, wichtig ist aber zu sagen, dass das deutsche Publikum womöglich auch keine faire Chance bekommen hat, eine etwas variantenreichere Form des Fernsehens kennenzulernen. Denn auch die Ausbildung der Schauspieler hinkte hinterher.

In England und in den USA müssen Schauspieler in ihrer Ausbildung Dialekte beherrschen oder lernen. Schon allein deshalb, damit zum Beispiel ein Kanadier wie Keanu Reeves auch in einem Shakespeare-Stück authentisch rüberkommt (»Viel Lärm um Nichts«) oder ein Kalifornier wie Richard Chamberlain als katholischer Priester in Australien (»Dornenvögel«). Es gibt dafür Hunderte Beispiele, aber nur wenige aus Deutschland.

Gewitzte Menschen können freilich mit den Regeln brechen. Eine großartige Ausnahme ist Arnold Schwarzenegger. Er spricht lausiges Englisch mit steirischem Akzent. Das hat er aber so kongenial durchgezogen, dass sein Dialekt Kult wurde. *Schwarzenegger Talk* ist heute ein feststehender Begriff unter englischsprachigen Kids.

Ein witziger Nebeneffekt dieses Kults ist übrigens dafür verantwortlich, dass ich mir früher keinen Künstlernamen gegeben habe. Ich war immer davon überzeugt: Wenn die Amerikaner Arnold Schwarzenegger aussprechen können, werden die Deutschen eines Tages wissen, wer Francis Fulton-Smith ist. Nun ja, »Franz« und »Francis« liegen ja schon mal nicht so weit auseinander …

Meine Schauspielausbildung in den frühen neunziger Jahren sah keinerlei Dialekttraining vor. Und es gab noch weitere Beschränkungen. In England wird zum Beispiel viel mehr Gewicht auf Gesangs- und Tanzausbildung gelegt, dort kann man mindestens schon einmal steppen und ein Musical aufführen. Aber wozu braucht es in Deutschland schon eine Musical-Ausbildung? Musical hat doch nichts mit Theater zu tun …!

Ich finde es schade, dass sich die Kunst- und Kulturszene selbst um vieles beraubt, weil sie E und U so strikt trennen möchte, sowohl inhaltlich als auch beim Personal. Ausnahmen bestätigen die Regel, etwa die Karriere von Dieter Hallervorden. In den achtziger Jahren war er quasi der deutsche Mr. Bean, mit legendären Schoten wie »Palim palim« und der Flasche Pommes frites. Heute spielt er ernste Kinorollen und leitet ein Berliner Theater. Das empfinde ich als die höchste Form der Freiheit, wenn es einem gelingt, zwischen den Kulturen und den kreativen Schubladen hin und her zu wandeln, so wie ein Maler zwischen Öl und Aquarell.

Als Einbahnstraße funktioniert es auch ganz gut. Größen wie Bruno Ganz, Michael Maertens, Lars Eidinger, Tobias Moretti oder Conny Froboess haben gezeigt, dass Menschen vom Theater sehr wohl Erfolg in Film und Fernsehen haben können. Doch einer, der vom Fernsehen kommt, darf auf der Bühne nur selten Erfolg haben, das darf einfach nicht sein. Jedenfalls in den Köpfen mancher Verantwortlicher, scheint es.

Insgesamt fehlt es am Mut zum Risiko. Sich auszutauschen sollte doch eigentlich Teil der Kunst sein, das Voneinanderlernen. Im Winter haben viele Filmschauspieler oft wenig zu tun, weil die Tage kurz sind und deshalb wenig gedreht wird. Eigentlich könnten diese Schauspieler dann gut dazu genutzt werden, die Menschen in der kalten Jahreszeit ins Theater zu locken. Und der Schauspieler selbst könnte die Zeit nutzen, um an seinen Fähigkeiten zu arbeiten. Denn bei Proben auf der

Bühne hat man viel mehr Zeit, Dinge auszuprobieren, in die Tiefen und Untiefen einer Figur einzutauchen und sein Handwerk zu verfeinern.

Als Wanderer zwischen den Welten halte ich nicht viel von Grenzen. Umso paradoxer ist es, dass mich mein britischer Pass lange Zeit davon abgehalten hat, englische Rollen zu übernehmen. Wenn sich zum Beispiel eine Hollywood-Produktion dazu entschließt, einen Film in Deutschland zu drehen, dann werden eben deutsche Schauspieler engagiert, keine *natives*. Nachdem ich seit 2016 auch den deutschen Pass habe, hoffe ich, dadurch zumindest mal zu Castings eingeladen zu werden.

Kunst ist ja auch dazu da, der Gesellschaft den Spiegel vorzuhalten. Ich wüsste nicht, inwieweit da die Selbstreduzierung auf einen kleinen, homogenen Kreis hilfreich sein könnte. Ich selbst habe immer versucht, meinen Rollen Tiefe zu geben, und ich habe Rollen danach ausgesucht, diese Tiefen erforschen zu können. Bei »Ihr Auftrag, Pater Castell« kam ich voll auf meine Kosten – ein Kriminalermittler in Diensten des Vatikans, der nicht immer nur die Frage »Wo waren Sie am Sonntag zwischen fünf und sechs?« stellen muss. Ein Sonderermittler, der tätig wird, wenn in einem Kriminalfall die Interessen der katholischen Kirche berührt werden – ein schöner Stoff. Den Sonderbeauftragten gibt es übrigens wirklich.

Was mir besonders gefallen hat, war die Tatsache, dass die behandelten Episodenfälle tatsächlich immer einen historischen Kontext hatten. Und natürlich musste der Vatikan hier auch seine Einwilligung geben. Das führte dazu, dass wir einmal in den apostolischen Palast zu einer Audienz eingeladen wurden. Georg Gänswein hat uns dort empfangen, damals einer der beiden Privatsekretäre von Papst Benedikt XVI. Ich erinnere mich noch, wie gut er über jeden aus unserem Ensemble informiert war. Irgendwann stand er dann vor mir und sagte, ich sei ja protestantisch getauft und hernach aus der Kirche ausgetreten – er wusste alles. »Und jetzt spielen Sie also einen Sonderbeauftragten«, schloss er.

Ich entgegnete: »Die Wege Gottes sind unergründlich.«

Da lachte er und sagte zum Schluss: »Wir haben es gesehen, und ihm hat es gefallen.«

Es war klar, wen er mit »ihm« meinte. Als ob die Audienz selbst nicht schon eine große Ehre gewesen wäre.

2003 herrschte ein Vakuum im deutschen Vorabendprogramm. Es fehlte eine prominente Serie, ein echter Familien-Blockbuster zur Primetime. Pro7 war Jahre zuvor ungleich innovativer gewesen. Mit »Klinikum Berlin Mitte« haben wir dort ein Stück Fernsehgeschichte geschrieben. Wenn ich heute die DVDs einlege, bin ich jedes Mal traurig darüber, dass die Serie keine Preise gewonnen hat. Verdient hätte sie es allemal.

Irgendwann fiel das Ensemble auseinander, und so trug es sich zu, dass ich Jahre später zusammen mit meiner Agentin am Münchner Flughafen Vertreter des Mitteldeutschen Rundfunks für ein zweistündiges Gespräch traf. Mir wurde die Rolle des Familienvaters und Arztes Dr. Christian Kleist angeboten. Ich fand sie sofort interessant, weil sie so viele Facetten hatte: der Schicksalsschlag gleich zu Beginn, die Rolle des Arztes, die Kinder, vier Generationen unter einem Dach, viele Konflikte – das Konzept fand ich spannend. Nun drehen wir die siebte Staffel, und noch immer macht es mir Spaß. Dass ich einmal in einer so bekannten Serie spielen würde, die viele

Fans hat und mit der sich eine ganze Region identifiziert, hätte ich nicht zu träumen gewagt, als ich damals bei meinen Großeltern auf dem Sofa saß und unschuldig »Coronation Street« ansah.

Football is not coming home

Vom Kicken

Es gibt Tage wie den 26. Mai 1999, an denen man als Deutsch-Engländer zwischen den schon erwähnten zwei Stühlen sitzt. Es war grauenvoll. Aber gleichzeitig auch richtig toll.

Ich war an diesem als fußballhistorisch zu bezeichnenden Abend in London, in einem der vielen Pubs namens Red Lion, nahe dem Leicester Square. Selbstredend war ich der einzige Deutsche dort. Zwei Herzen schlugen an diesem Abend in meiner Brust. Im Normalfall schlagen sie parallel und kommen sich nicht in die Quere, und sie sind auch beide blutrot gefärbt: Manchester United und der FC Bayern. Genau diese beiden Fußballmannschaften standen sich an jenem Abend im Champions-League-Finale gegenüber. Sir Alex Ferguson gegen Ottmar Hitzfeld, Peter Schmeichel gegen Oliver Kahn, David Beckham gegen Stefan Effenberg. Es war ein Treffen der Giganten.

Mein Vater ist in Nelson in der Grafschaft Lancashire geboren, und das Herz Lancashires ist nun mal Manchester. Mit Manchester City hatte ich nie viel am Hut. Und weil ich nicht nur in München, sondern auch in Freising aufgewachsen bin, hatte ich mit dem TSV 1860 München nie viel am Hut. So ist das nun einmal in Sachen Fußball, zumal in Teenager-Jahren: Für den einen Verein glüht man, mit dem anderen wird man niemals warm.

Ein paarmal war ich natürlich im Münchner Olympiastadion und habe den Bayern zugejubelt. Das waren noch Zeiten: In der Halbzeit wurde Werbung für einen lokalen Bäcker eingespielt, und fast alle Fans in der Südkurve trugen Jeansjacken mit Aufnähern, auf denen böse Dinge über die Gegner standen.

An jenem 26. Mai 1999 also trafen nun meine beiden großen Leidenschaften aufeinander, im Stadion Camp Nou in Barcelona. Es wurde zu einem der dramatischsten Finalspiele in der Geschichte des Wettbewerbs. Zuerst hüpfte das eine Herz, und das andere schien auszusetzen. In der Nachspielzeit war es dann genau andersherum – da stockte der Bayern-Herzschlag gleich zweimal, und Manchester siegte in einer unglaublichen Aufholjagd. Ich glaube, ich habe an jenem Abend eine Art emotionale Schizophrenie entwickelt.

Fußball ist für mich Unterhaltung. Ich bin kein Raubein, kein Schreihals. Selbstredend war ich als Kind öfter in englischen Stadien unterwegs als in deutschen, meistens in Burnley, seinerzeit noch in der zweiten oder dritten Liga beheimatet, heute als Erstligist der Stolz der Region. Damals haben wir am Abend vorher schon die Trikots herausgelegt, am nächsten Morgen gab es noch ein deftiges Frühstück, und dann ging's los im Kastenwagen meines Onkels. Im Stadion haben wir dann geschrien, bis wir heiser waren. Das Hooliganeske lag mir freilich nie, und ich bin froh, dass die Zeiten vorbei sind, in denen es im Stadion regelmäßig Schlägereien gab. Nur die britisch-sportliche Härte des Fußballs vermisse ich in Deutschland manchmal.

Gelernt habe ich das Fußballspielen vor allem in den Ferien auf englischen Bolzplätzen. Das war gar nicht so leicht, so als Deutscher unter Engländern. Unter anderem lernte ich dort, dass man auch noch ein Tor schießen kann, wenn die Lippe so blutet, dass das T-Shirt schon komplett besudelt ist. Wie mein Vater immer sagt: »Wir sind Engländer, wir bleiben nicht liegen.«

Was mich im Fußball außerhalb der Insel unglaublich nervt: Da wird ein Profi angerempelt, und schon schreit er, als stürze er geradewegs in den Abgrund der Invalidität. Das würde man sich in England niemals erlauben.

Ich weiß noch, ich habe als Junge richtig geflennt, als ich meinen ersten Ellenbogen im Mund hatte. Ich glaube, der gehörte Anthony, einem Nachbarsjungen meines Cousins in Nelson. Aber Anthony hat das natürlich zurückbekommen, sein Knie war später auch nicht mehr ganz heil.

England und der Fußball, das ist für mich mittlerweile also eine verflucht verzwickte Sache. Das Lied »Football's Coming Home« von den Lightning Seeds, einer meiner Lieblingssongs, macht das besonders deutlich. Nachdem die Engländer im EM-Halbfinale 1996 mal wieder an den *Krauts* gescheitert waren – natürlich im Elfmeterschießen –, schrieben die Lightning Seeds den Text um. »We still believe« hieß es danach verzweifelt-optimistisch – »wir glauben immer noch daran«. Mittlerweile ist das Lied in beiden Ländern gleichermaßen beliebt, aber aus sehr gegensätzlichen Gründen: In England ist es ein Lied der Sehnsucht, denn seit 1966 hofft man, endlich einmal wieder den WM-Pokal in den Himmel recken zu dürfen oder wenigstens Europameister zu werden. In Deutschland hört man das Lied, weil man mit den Siegen gegen England so viele schöne Erinnerungen assoziiert. Sie alle sind natürlich Teil einer großen Rache, die nie endet: für das zu Unrecht gegebene Wembley-Tor der Engländer im WM-Finale 1966.

Ich wurde 14 Wochen vor jenem Spiel geboren. Seitdem haben der Fußball und sein bedeutendster Pokal schon in vielen Ecken der Welt ein *coming home* gefeiert. In die wahre Heimat aber kam er nicht mehr. Die englische Nationalmannschaft ist, man muss das leider so deutlich sagen, eine Anhäufung von Versagern. Und es wird immer schlimmer. Man muss sich ja nur mit Grauen an die EM 2016 in Frankreich erinnern: an das 1:2 im Achtelfinale gegen Island. Island – eine Insel, auf der es mehr Geysire gibt als Kicker.

Nach diesem an Peinlichkeit kaum zu übertreffenden Spiel meldete sich Sir Bobby Charlton zu Wort, einer der 66er-Legenden. Er sagte: »Wir hätten 1:0 gewonnen.« Mit »wir« meinte er sein damaliges Team.

»Nur 1:0?«, stellte der Reporter fragend fest.

»Ja«, antwortete Charlton, »die meisten von uns sind ja jetzt schon über 70.«

Englands große Männer verstehen es seit jeher wie niemand sonst, das eigene Land durch den Kakao zu ziehen.

Die drei Löwen auf dem Trikot der englischen Nationalmannschaft sind im Laufe der Jahre zu drei Mäuschen mutiert. Wissen Sie, wofür der Begriff »Team« steht? Auf Englisch sagt man, er stehe für die Abkürzung von »Together everybody achieves more« – »gemeinsam erreicht man mehr«. Auf Deutsch heißt es hingegen mit einem Augenzwinkern: »Toll, ein anderer macht's.« Mir kommt es so vor, als hätten die Deutschen zumindest im Fußball inzwischen den richtigen Team-

begriff verinnerlicht – und die Engländer die deutsche Ver-
hohnepiepelung.

Vielleicht ist es auch diese traurige Geschichte der Nationalmannschaft, die mein englisches Herz in direkten Duellen der
beiden Länder ein kleines bisschen schneller schlagen lässt.
Und vielleicht war damals beim Champions-League-Finale
1999 deshalb die Freude größer als die Enttäuschung. Ich
muss zugeben: Ich habe gejubelt und mich für den Rest des
Abends sehr gefreut – auch wenn ich als »der Deutsche« noch
zwei Lokalrunden schmeißen musste.

Der Spielverlauf an jenem denkwürdigen Abend: Die Bayern
waren früh in Führung gegangen, Mario Basler hatte getroffen. Das Spiel plätscherte die meiste Zeit dahin, aber in der
zweiten Halbzeit hätte Carsten Jancker mit einem Fallrück-
zieher beinahe das 2:0 erzielt, der eingewechselte Scholl traf
noch den Pfosten. »Well deserved«, sagte ein Engländer, der
ein paar Meter hinter mir saß, kurz vor Ende des Spiels – ohne
zu ahnen, wie voreilig sein Glückwunsch war. Britische Fairness eben, obwohl es gegen die ugly Germans ging. Selbst der
eingefleischteste Chelsea-Fan dürfte an diesem Abend Manchester United angefeuert haben angesichts des Gegners vom
Kontinent, der ja dieses runde Leder vermutlich nur kennt,
weil ein Engländer einen Ball mal versehentlich über den Ärmelkanal gedroschen hat.

Dann folgte eines der unglaublichsten Comebacks der
Sportgeschichte: Teddy Sheringham und Ole-Gunnar Sol-
skjaer erzielten die Tore – beide innerhalb von zwei Minuten,
beide erst in der Nachspielzeit, und beide nach Eckbällen von
David Beckham. Jenem Beckham, der im Nationaltrikot so oft
versagt hatte und der sich ein paar Jahre später, während der

WM 2006, im Spiel gegen Ecuador aus Erschöpfung am Spielfeldrand übergeben musste. Aber an jenem Maiabend 1999 fanden nur die Bayern-Spieler das Ende zum Kotzen.

Alte britische Fußballtugenden traten da noch einmal zutage: Gib niemals auf! Es lohnt sich, zu kämpfen! Manche halten Beckham ja für einen Fußball-Schönling. Was viele vergessen haben: Er hat sich gegen Ecuador den Mund abgewischt und weitergespielt.

Heutzutage ist es auch nicht so, dass sich englische Fußballer nicht anstrengen würden. Sie sind nur einfach nicht mehr gut genug, um mit den Besten mithalten zu können. Zumindest reicht es nicht mehr für elf Weltklassespieler gleichzeitig. Das liegt an der englischen Premier League. Bis 2016 lautete ihr Name: Barclays Premier League. Der Namenssponsor Barclays ist ein Finanzunternehmen, das in fünfzig Ländern operiert und unter anderem auf steigende und fallende Lebensmittelpreise spekuliert – hochsympathisch ... Internationale Geldgeschäfte mit einem internationalen Konglomerat, zu dem mehr oder weniger zufällig auch noch ein paar Engländer gehören – das passt! Sponsor und Vereine sind sich sehr ähnlich geworden. Die englischen Spieler wurden mehr und mehr von internationalen Stars verdrängt. Das beginnt schon in den Kaderschmieden, den Exerzierfeldern der modernen Kolosseen.

Kürzlich sah ich Spätnachrichten auf BBC. Als die Sportnachrichten kamen, machte der Sprecher auf eine Statistik aufmerksam, die zeigte, wie unbedeutend englische Spieler in der Premier League geworden waren. An jenem 25. Spieltag der Saison 2016/17 hatten bis zum Sonntagabend acht Ligaspiele stattgefunden – und dabei hatte kein einziger Engländer ein Tor erzielt. Im Sonntagabendspiel traf dann wenigstens noch ein gewisser Alfie Mawson für den FC Swansea. Der Fairness halber sei erwähnt, dass im Montagabendspiel noch zwei weitere Engländer trafen: Raheem Sterling für Manchester City zum 1:0, und dann netzte noch Tyron Mings vom AFC Bournemouth ein – mit einem Eigentor. Unter dem Strich: drei »englische Tore«, satte zwei davon ins richtige. Was soll man dazu sagen? Nachhaltig besser ist es seither nicht geworden.

David Beckham, der Fußballer, der zum Unterhosenmodel mutierte und seinerzeit mit Victoria Adams von den Spice Girls eine der begehrtesten Frauen des Landes eroberte, ist eine der letzten großen Ikonen des englischen Sports. Er ist zwar kein »Sir« wie Bobby Charlton, doch er ist weltbekannt. Da können aktuelle Stars nur ansatzweise mithalten: der Formel-1-Rennfahrer Lewis Hamilton zum Beispiel, der es immerhin bis ins Londoner Wachsfigurenkabinett geschafft hat, oder der Tennisspieler Andy Murray. Aber Hamilton ist ein Kindskopf und manchmal auch ein Griesgram, hinter den sich nicht das ganze Volk scharen möchte. Und Murray ist Schotte, auf den dürfen sich die Engländer eigentlich gar nichts einbilden.

Der Fußball und der Umgang mit ihm erzählt viel über das jeweilige Land. Und in der milliardenschweren Premier League ist es wie im richtigen Leben: England hat die internationale Entwicklung schlicht verpennt, die man einst selbst befeuert hat. Die großen Stars der Liga sind schon lange keine Engländer mehr. Das gilt nicht nur für die Spieler, sondern sogar für die Trainer: Die großen Namen lauten etwa José Mourinho (Portugiese), Pep Guardiola (Spanier), Jürgen Klopp – ein Schwabe (!), der auf der Insel als Heilsbringer gefeiert wird, als authentischer Fan und Trainer, der zufällig

auch noch Sachverstand mitbringt, der den englischen Fußball wiederbeleben kann. Die Spieler, deren Poster in englischen Kinderzimmern hängen oder auf der Playstation nach-
gespielt werden, heißen Paul Pogba, Gareth Bale (klingt nur
englisch, ist aber Waliser) oder Yaya Touré (Elfenbeinküste).
Der englische Star stirbt genauso aus wie der klassische englische Fan.

Dieser ist nämlich empört. Beim FC Arsenal kostet die bil-
ligste Eintrittskarte dreißig Pfund, zum Beispiel dann, wenn
es gegen Burnley geht. Für ein Spitzenspiel geht eine Karte
aber nicht unter 65 Pfund weg. Simon, ein Freund in London,
ist eigentlich ein großer Arsenal-Fan, doch er sagt, es fühle
sich an, als habe der Verein seine Seele verkauft. Der Besitzer
von Arsenal ist ein US-Amerikaner, für den ein Titel nichts
weiter ist als ein betriebswirtschaftlicher Bonus, aus dem man
weiter Kapital schlagen kann.

In London gehen trotzdem noch viele ins Stadion, weil sie
es sich leisten können – alle anderen Dinge in der Stadt sind ja
ebenfalls teuer. Aber in Gegenden, in denen die Arbeitslosen-
quote zweistellig ist – und davon gibt es in England nicht wenige –, ist die Empörung über die irrwitzigen Kartenpreise
enorm. Da findet schon eine gewisse Entfremdung mit dem
hochklassigen Fußball statt, der heute nicht mehr den Arbeitern gehört, sondern der gehobenen Mittelklasse und teilweise der Oberschicht.

Die Premier League ist einerseits eine Gelddruckmaschine.
Doch gleichzeitig leidet der heimische Fußball unter einer
Sinnkrise. Und dann kommen auch noch diese streberhaften
Deutschen daher! Nicht nur, dass sie international erfolgrei-
cher sind. Nicht nur, dass sie 2006 ein Fußballvolksfest feier-

ten, für das ihnen aus aller Welt die Sympathien zuflogen (selbst die in der Mitte des 20. Jahrhunderts stehengebliebene britische Presse musste damals einsehen, dass die nervigen Nazivergleiche vielleicht nicht mehr angebracht sind). Nein, jetzt spielen auch noch Deutsche erfolgreich in der Premier League! Und weil der englische Fan von Natur aus fair ist, muss er über seinen Schatten springen und eingestehen: Die meisten von ihnen sind gute, ehrliche, harte Arbeiter, die das englische *kick and rush* ebenso gut beherrschen wie das anspruchsvolle Kombinationsspiel. Der erste »große Deutsche« auf der Insel war Jürgen Klinsmann, für ein kurzes Intermezzo Mitte der Neunziger. Es folgten Didi Hamann, der 1998 vom FC Bayern zu Newcastle wechselte und vor allem beim FC Liverpool zur Legende wurde, dann folgten Jens Lehmann, Lukas Podolski, Robert Huth, Per Mertesacker, Mesut Özil und viele mehr. Ach ja, Michael Ballack war auch hier, aber in seinem Fall war mir klar, dass er sich beim FC Chelsea nicht durchsetzen würde. Ich hätte darauf wetten sollen. Der englische Fußball war einfach zu hart für ihn. So hart, dass er dort sogar aus seiner Nationalmannschaftskarriere gegrätscht wurde. Immerhin hat er recht gut Englisch gelernt und sitzt jetzt bei Fußball-Großereignissen als Experte im Studio des US-Senders ESPN.

Ja, die britische Härte ... Engländer sind wirklich keine Weicheier, im Guten wie im Bösen. Auch als gesamte Nation nicht, das darf man ihnen niemals nachsagen. Das ist vielleicht auch einer der Gründe, die jetzt zum Brexit geführt haben. Das Volk hat eine Entwicklung verschlafen, ihm fehlt die Identität – und als Reaktion werden die Engländer dann stur und nationalistisch. Hart eben.

Fußball ist womöglich nur ein Beispiel dafür, dass die Deutschen dem Land mit dem universalen Weltmachtanspruch den Rang abgelaufen haben. Doch hier wird es besonders deutlich, und hier ist es für den englischen Mittelklassebürger auch besonders schmerzlich. Deutschland hat aus seinen Fehlern gelernt. Nachdem die Mannschaft zur Jahrtausendwende katastrophalen Rumpelfußball gespielt, wurde die Nachwuchsarbeit revolutioniert. Die Früchte dieser Arbeit hat man spätestens 2014 geerntet. Und sagen wir es mal so: England ist auch schon mal Weltmeister geworden. Aber 7:1 gegen Brasilien zu gewinnen, das haben selbst die Three Lions noch nie geschafft. Was mir in Deutschland allerdings Sorgen bereitet, ist, dass die Bundesliga ausgerechnet auf den Spuren der Premier League wandelt. Der Vermarkter, die DFL, muss ebenfalls mehr TV-Gelder generieren, um wettbewerbsfähig zu bleiben, sonst kommen die besten ausländischen Spieler irgendwann nicht mehr nach Deutschland. Man sollte höllisch aufpassen, dass der eigene Nachwuchs dabei nicht zu kurz kommt. Sonst haben wir in Deutschland bald englische Fußballverhältnisse.

Ich bin auch zunehmend der Meinung, dass man den großen Unterhaltungsfußball gar nicht mehr ansehen muss, sondern stattdessen mehr Spaß in kleinen Stadien haben kann – sowohl bei meiner Verwandtschaft in Nelson als auch in Deutschland. Besonders oft war ich in den unteren Ligen unterwegs, als ich eine Weile in Braunschweig am Theater gespielt habe. Dort habe ich nicht nur den legendären FC Eintracht Braunschweig kennengelernt, dem ich immer noch gewogen bin, nein, ich habe auch lange Zeit den SKG Dibbesdorf unterstützt. Die erste Mannschaft spielt momentan in der Kreisklasse, zusammen mit Eintracht Braunschweig III. Ich habe mir zudem fest vorgenommen, einmal den SV Pullach in der Bayernliga zu besuchen. Die haben ein gemütliches Stadion und ein paar richtig gute Kicker. Ich kann fast zu Fuß zum Sportplatz rübergehen. Und der Eintritt kostet auch keine 65 Pfund.

Das Leben als Kunst

Vom Spielen, Malen und Musizieren

Die vielleicht größte Peinlichkeit meines Lebens? Das war mein Auftritt in schwarzem Minirock und Strumpfhosen, mit einem an der Brust ausgestopften Pullover und einem Staubsauger in der Hand. Wäre ich ein ausgehungerter Theaterschauspieler gewesen, hätte es zumindest optisch für manchen einen Reiz gehabt. Aber ich kämpfte damals noch mit meinen Strauß-Kilos aus dem Film über die »Spiegel-Affäre«. 2014 hatte ich mich dazu überreden lassen, bei »Sing wie dein Star« im Ersten aufzutreten, einer Art Gaudi-Castingshow für einen guten Zweck, mit Liedern der eigenen Idole. Hätte ja auch funktionieren können. Vorausgesetzt, man kann singen. Letztlich stahl Inka Bause als leicht bekleidete Cher uns allen die Show. Ich bin ihr dafür bis heute sehr dankbar, denn ihren Auftritt kann man leicht im Internet finden, wenn man ihn sucht. Bei meinem ist das zum Glück ganz anders, und ich hoffe inständig, dass es dabei bleibt.

Ich wollte an jenem Abend bei »Sing wie dein Star« die britische Fahne hochhalten und hatte mich entschieden, einen der größten englischen Künstler der letzten Jahrzehnte zu imitieren: Robbie Williams. Der Auftritt mit seinem Song »Angels«

brachte mir ein paar Sympathiepunkte ein, die ich dringend brauchen konnte. An der einen oder anderen Stelle traf ich sogar den richtigen Ton. Dank Robbie kam ich in der Endausscheidung mit einem blauen Auge davon und wurde Zweiter. Davor war ich nämlich zu Recht Letzter gewesen – und zwar wegen des anderen britischen Superstars Freddie Mercury und »I Want to Break Free« von Queen. Loriot sagte sinngemäß einmal: »Ein Leben ohne Mops ist möglich, aber sinnlos.« Als man mir das Angebot machte, Mercury zu imitieren, meinte ich salopp: »Ich als Freddie ist sinnlos, aber möglich.« Ich hatte im Vorfeld mehrfach angeregt, stattdessen Dean Martin oder Robert Mitchum zu singen. Nicht, dass ich das besser gekonnt hätte, aber ein wenig dezenter wäre es allemal gewesen.

Das Video dieses Queen-Songs von 1984 spielt in einem typisch englischen Wohnzimmer (was übrigens eine Persiflage auf die BBC-Serie »Coronation Street« ist). Dieses Zimmer hatten die Bühnenbildner der ARD nun für »Sing wie dein Star« nachgebaut. Drum musste ich mich konsequenterweise auch in die originalgetreue Frauenkleidung quetschen. Das wirkte alles gar theaterhaft im Kontrast zu den flotten Auftritten meiner Mitkonkurrenten. Ich denke, viele Zuschauer kannten das Video-Original gar nicht und fragten sich, was der Slapstick eigentlich sollte, zumal andere Gäste wie Inka Bause ganz normale Auftritte auf einer Bühne hatten. Den großartigen Sänger Mercury mit seiner einmaligen Stimme nachzuahmen war sowieso eine undankbare Aufgabe – ach was, es war geradezu Gotteslästerung! Mir war von Anfang an klar, dass ich hierbei nichts gewinnen konnte. Aber wenn man die Chance hat, viel Geld zu spenden, kann man sich dafür auch mal zum Affen machen – okay.

Gut, ich kann nicht wirklich singen, vielleicht hätte ich das mal überdenken sollen, bevor ich in einer Gesangsshow zusagte. Aber wie der Bayer sagt: »Zest la Fie!«

Spätestens an jenem Abend war mir und jedem anderen klar, dass an mir weder eine Drag Queen noch ein Sänger verloren gegangen ist. Ich musste später lachen, als einer der Juroren ernsthaft Kritik übte und mir konsterniert vorwarf: »Wie kann man bloß Freddie Mercury imitieren? Du hast nicht einmal die Töne getroffen! Du würdest nie einen Plattenvertrag bekommen!« Ich hätte ihm gerne entgegengerufen: »Ich will ja gar keinen Plattenvertrag! Hallo? Es geht hier um Charity!« Stattdessen lächelte ich mit meinen für diesen Auftritt extra angefertigten falschen Zähnen still vor mich hin.

Ich bin auf ein musisches Gymnasium gegangen, doch in Sachen Musik kam ich nie über das individuelle Spielen von Schlagzeug und Klavier hinaus. Ich war auch ein solch renitenter und aufmüpfiger Schüler, dass ich weder im Chor noch in der Theatergruppe mitmachen durfte. Wegen diverser Disziplinlosigkeiten gönnte man mir diese künstlerischen Freiheiten nicht.

Also genoss ich die Musik der anderen. Die wichtigsten Künstler, die meine Generation geprägt haben, habe ich live gesehen: David Bowie, Frank Zappa, Pink Floyd, Prince, Genesis, Michael Jackson, die Dire Straits und natürlich Depeche Mode!

Für mich selbst reichte es freilich nicht einmal zu einer Schulband. Das heißt, in gewissem Sinne schon – ich wurde nämlich zu einem Groupie. Wie das? Nun, ein paar gute Freunde spielten bald professionell in einer Band. Wir hingen damals in Freising im Lindenkeller oder im legendäre Café

Calafatti ab, und ich fuhr mit auf deren Konzerte, wo ich mich als Roadie nützlich machte. Einige von ihnen waren sogar richtig berühmt; mein Kumpel Holger Brandt zum Beispiel war damals schon Schlagzeuger von Udo Lindenberg, Donna Summer und Peter Maffay. Man kann also sagen: Die Musik und der Film waren meine ersten beiden Musen, ohne die ich schon als Kind nicht mehr auskam.

Doch Auftritte wie bei »Sing wie dein Star« oder auch in einer Kochsendung, in der viel Small Talk betrieben wird, prägen natürlich das Bild, das die Öffentlichkeit von mir hat. Noch mehr aber prägen einen die Rollen, die man spielt: Die Liebesfilme in den neunziger Jahren etwa, und später kamen dann noch meine Alter Egos Dr. Jens Leyendecker und Dr. Kleist hinzu. Gerade zu Beginn meiner TV-Karriere wurden mir Kritiken um die Ohren gehauen, in denen die Bezeichnung »seicht« noch harmlos war. Der *Spiegel* etwa hat mich einmal »Schmonzettenkönig« genannt.

Nun, kann sein, dass manche dies als Kränkung empfinden. Aber hey! Schlechte Kritik ist besser als gar keine. Und ich beziehe mich in dieser Hinsicht gerne auf Steven Spielberg. Auf die Frage, ob er lieber Preise gewinne oder ein Millionenpublikum unterhalte, antwortete er ohne zu zögern, ihm sei Letzteres wichtiger.

Erstens glaube ich, dass es grundsätzlich eine gewisse Leistung darstellt, den Sendeauftrag zu erfüllen und gleichzeitig gute Einschaltquoten zu haben – so, wie uns das mit »Familie Dr. Kleist« bis heute gelingt. Man mag die Sendung mögen oder nicht, für Millionen Menschen ist sie seit Jahrzehnten beste Unterhaltung.

Breite Akzeptanz aufzubauen, das hat nicht nur mit Hand-

werk, sondern auch mit Kunst zu tun. Und in politisch turbu-
lenten Zeiten wie unseren darf man ruhig mal einschalten, um
abzuschalten, finde ich – dazu trage ich gerne bei.

Zunächst einmal habe ich ja gar nicht beim Fernsehen angefangen. Nach der Schauspielschule war ich mehrere Jahre an
Bühnen in Esslingen, Braunschweig und Hamburg engagiert.
Und ich sehe mich auch nach wie vor als Theatermann. Das
Theater ist für mich die höchste Form der Schauspielkunst:
live, ohne Netz und doppelten Boden, kein »Danke, die Einstellung wiederholen wir noch mal«. Die Urform des Schau-
spielens, wenn man so will. Und wenn der Abend gelingt, ist
das der größte Segen für Zuschauer und Schauspieler. Der
Applaus von Menschen, die vor einem sitzen, hinterlässt auf
den Schauspieler unendlich mehr Eindruck als Zahlen auf
quotenmeter.de.

Dass man den Menschen im Theater nicht nur körperlich,
sondern auch emotional viel näher ist, hat mir vor kurzem
noch einmal meine ältere Tochter klargemacht. 2014 spielte
ich den »Jedermann« bei den gleichnamigen Festspielen in
Berlin, und sie sah bei einer der Proben zu. Sie weiß, das im
Fernsehen, das ist irgendwie der Papa, aber irgendwie auch
nicht. Als im Stück die Stelle kam, an der Jedermann Besuch
vom Tod bekommt (gespielt von Reiner Schöne, der viele Jahre
in München der Nachbar meines Vaters war), rief sie mitten im
dramatischen Moment in die Stille hinein: »Warum weint
denn der Papi so? Warum hilft ihm denn niemand?«

Schauspielen kommt von »spielen« – man spielt eine Rolle.
Kindern zu sagen, etwas Schlimmes sei nur gespielt und gar
nicht echt, ist in vielen Fällen eine gute Lösung. Also unter-
brach ich die Probe, lief zu meinen Kindern, umarmte sie

innig und erklärte ihnen, dass alles nur gespielt sei, so wie sie mit ihren Puppen und Teddys spielen, und dass es dem Papi absolut gutgehe – »Indianer-Ehrenwort«! Und klar: Genau das soll das Schauspiel ja bewirken: das Gefühlsleben seiner Betrachter anregen. Kinder sind hierfür ein guter Gradmesser.

Ich liebe es, auf der Bühne zu stehen. Damit einhergehend, habe ich auch gerne die Klassiker gelesen, und zwar nicht nur, um meine Texte zu lernen.

Im Privaten bin ich auch klassisch – und zwar der klassische kreative Chaot. Einer von den Typen, die oft sowieso schon spät dran sind und dann auch noch ihr Portemonnaie suchen, wenn sie die Wohnung verlassen wollen. Auf Englisch würde man sagen: der *nutty professor* – ein bisschen zerstreut eben. Das liegt wohl daran, dass ich mein Gehirn ständig beschäftigt wissen muss und es mitunter etwas zu viel beschäftige. Etwa eben mit Bühnentexte-auswendig-Lernen.

Was ich am Theaterspielen unter anderem so liebe, ist die enorme Energie, die man dort aufbringen muss. Man muss zwei Stunden oder mehr permanent konzentriert sein – danach spürt man, dass man etwas geleistet hat. Beim Film hingegen gibt es für den Schauspieler jeden Tag zahlreiche Unterbrechungen – Leerläufe, in denen andere arbeiten müssen, meistens die Beleuchter und Kameraleute.

Ich habe mir angewöhnt, in den Pausen öfter mal kreativ zu sein. Meistens zeichne ich dann etwas. Das ist für mich eine ideale Zerstreuung, bei der ich gleichzeitig die Konzentration hochhalten kann. Wobei ich damit am Set natürlich wieder wie der *nutty professor* aussehe, weil ich dabei gerne alles um mich herum vergesse. »Francis, wir wären dann so weit. Francis ...?« Immerhin kommt was dabei heraus. Eines meiner

Henri Matisse, Zeichnung nach Robert Capa

selbstgezeichneten Lieblingsdrehpausenbilder hängt in der Wohnung meiner Mutter, nachdem ich es ihr vor einigen Jahren zum Geburtstag geschenkt habe.

Das Bild ist eine Hommage an zwei Künstler zugleich. Der Fotograf Robert Capa hat die Originalaufnahme 1949 gemacht, zu sehen ist darauf Henri Matisse in seinem Atelier in Nizza. Allzu viel geändert habe ich nicht. Ich dachte, falls jemand nicht weiß, wer das ist, für den male ich hinten an die Wand echte Bilder von Matisse hinein, nicht jene, die auf Capas Foto zu sehen sind. Die Frau hinter Matisse' Arm zum Beispiel ist das Portrait »Madame Matisse«, unten rechts steht das Bild »Icarus« von 1947. Aber auch »Musik«, »Jazz« und »Blaue Studie« habe ich zitiert. Und als optisches Bonmot habe ich auf den Boden, den Matisse mit Zeitungen ausgelegt hatte, die Schlagzeile geschrieben: »by Robert Capa – Nice 1949«.

Manchmal zeichne ich in den Drehpausen auch Portraits – Schauspielkollegen zum Beispiel. Sebastian Bezzel, mit dem ich zusammen bei »Schweinskopf al dente« drehte, hat seines so gut gefallen, dass ich es ihm geschenkt habe. Die meisten bewahre ich freilich zu Hause auf. Viele hängen im Keller, weil ich gerne Abwechslung oben in der Wohnung habe und die Bilder immer mal wieder austausche.

Ja, die Kunst hat viele Facetten. Ich kann mich noch an meinen Besuch der documenta 7 erinnern – wir waren damals mit der Schule nach Kassel gefahren. Bei jener Ausstellung von 1982 war Joseph Beuys omnipräsent. Angeblich hatte dort am Vorabend der Eröffnung eine Putzfrau seine Badewanne geschrubbt, ohne zu wissen, dass sie vom Künstler höchstpersönlich zugemüllt worden war. Ob's stimmt – wer weiß das schon so genau. Die Story geht zumindest auf eine wahre Begebenheit zurück, einen Vorfall im Jahr 1973. Damals hatte der SPD-Ortsverein von Leverkusen-Alkenrath eine Feier in einem Museum abgehalten. Um hernach die vielen leeren Weingläser zu spülen, machten zwei Lokalpolitiker eine von Beuys mit Mullbinden vollgestopfte Badewanne frei und spülten darin die Gläser.

Auf dem Weg von der documenta 7 zurück zum Bahnhof hielten wir an einer roten Ampel. Am Pfeiler hing ein Mülleimer. Ich weiß noch, wie ich meine Klassenkameraden fragte: »Ist das hier echt ein Mülleimer – oder ist das auch Kunst?«

Knapp vier Jahre nach dem Besuch starb Beuys, und wenig später ereilte eines seiner berühmtesten Kunstwerke ein dramatisches Schicksal, ähnlich jenem der Badewanne: Die Fettecke in der Düsseldorfer Kunstakademie, eine Installation aus fünf Kilo Butter, wurde vom Hausmeister einfach weggewischt. Er wollte, dass es Beuys' Nachfolger schön sauber hat.

Ich wuchs also in einer Zeit auf, in der Kunst eine ganz neue Bedeutung zukam. Sie war nicht mehr unbedingt als solche zu erkennen und warf oft eher Fragen auf, als dass man darin einen klaren Stil oder gar eine Epoche hätte erkennen können. Sie wurde sozialer, abstrakter, unübersichtlicher, stilübergreifend. Objekte provozierten durch ihre Alltäglichkeit und Hässlichkeit. Mit dem Effekt, dass sie manchmal im Alltag gar nicht mehr auffielen.

Ich bin in dieser Zeit stark geprägt worden, denn ich empfinde die Frage, ob etwas Kunst ist oder ob das wegkann, als eine sehr individuelle Frage. Wenn mich ein Werk anspricht, wenn der Künstler damit etwas in mir auslöst, dann kann dieses Erlebnis unvergesslich sein. Viele sagen ja, manche Kunstwerke sähen so aus, als seien sie von Kindern gemacht. Ich frage mich: Ist das schlimm? Ich sehe ganz subjektiv, wie meine Töchter zu Künstlerinnen werden: Sie malen Bilder, die etwas in mir auslösen. Woher können sie das, wer hat ihnen das beigebracht, frage ich mich dann. Und werde mir bewusst, was für ein wundervoller Prozess die Entwicklung von Kreativität doch ist.

Ich glaube nämlich, dass die Menschheit gerade ernsthaft Gefahr läuft, geistig enorm abzubauen. Eigentlich ist Technologie ja dazu da, uns Dinge zu erleichtern. Ich fürchte jedoch, die derzeitige Erleichterung ist der erste Schritt zur Verblödung. Eine Studie der Fairfield University in Connecticut hat gezeigt: Museumsbesucher, die ausgestellte Kunstwerke mit ihren Handys fotografieren, konnten sich hernach schlechter an die Kunstwerke erinnern als jene, die keine Fotos machten. Ähnliches dürfte wohl für Konzertbesuche und Fußballspiele gelten, überhaupt für alle Ereignisse, von denen wir glauben, wir müssen den einen Moment unbedingt in Pixeln bannen.

Klar, ein Foto ist ein tolles Souvenir, und vielleicht will man ja nur der Mama zu Hause eine Freude machen, die wegen Grippe nicht mitkommen konnte. Doch leider tun wir unserem Gedächtnis keinen Gefallen, wenn wir exzessiv auf dieses Mittel zurückgreifen. Denn auf diesem Weg lagern wir unsere Erinnerung in die Galerie des Handys aus. Dieses wird quasi zur externen Festplatte für unser eigenes Gehirn. Und auf etwas Externes kann man später eher schwerlich zugreifen, schon gar nicht, wenn irgendein elektromagnetischer Impuls dem Speicher den Garaus gemacht hat. Abgesehen davon, dass so die Fähigkeit verloren geht, Dinge unverfälscht zu genießen. Oder sie zu durchdringen, im Kern zu verstehen.

Bestes Beispiel hierfür ist das Navigationsgerät im Auto.

Auch hier gibt es ohne Frage Situationen, in denen es unglaublich nützlich sein kann, etwa, weil es aktuelle Baustellen in der Verkehrsführung mit einbezieht (bei uns in München hat man mittlerweile gefühlt alle 500 Meter eine Baustelle). Aber kürzlich habe ich meinen Töchtern einen Atlas gezeigt.

»Was ist das?«, fragten sie.

»Damit kann man von A nach B finden«, erklärte ich, »überall auf der Welt.«

Dann habe ich ihnen einen Stadtplan gezeigt. »Damit kann man sich ohne Handy in einer Stadt zurechtfinden.«

Große Augen blickten mich an.

»Ja – da sind sogenannte Quadranten drauf, ABCDE, 12345 … und wenn man sich das ansieht, bevor man losfährt, kann man ohne Navi zum Ziel finden.«

Ja, kann man – selbst dann, wenn das Navi ein Neubaugebiet noch gar nicht kennt oder im Tunnel das GPS ausfällt. Ist das nicht total innovativ? Ich habe umgekehrt von Menschen gehört, die angeblich gar nicht mehr wissen, in welche Himmelsrichtung sie fahren, wenn sie Freunde besuchen …

Denken hilft also, Lernen auch, und Kunst kann man ebenfalls als Ausdruck der Begabung verstehen, sich selbständig in seiner Umwelt zu orientieren, physisch und geistig. Deshalb kann ich nur raten: Lasst die Kinder Gemälde und Atlanten oder einen Globus bestaunen und studieren. Zeigt ihnen, auf welcher Seite eines Baumes das Moos wächst. Spielt mit ihnen Blinde Kuh, das schärft die räumliche Intelligenz. Gebt den Kindern Flügel und Wurzeln – Kunst in jeder Ausprägung ist ein ausgezeichnetes Mittel dafür. Und sagt ihnen, dass sie das Handy auch mal ausmachen sollen. Sie werden es uns danken. Okay, zugegebenermaßen erst sehr, sehr viel später …

Ein befreundeter Künstler, Wolfgang Flatz, sagte einmal sinngemäß: »Kunst ist in Wahrheit der Hammer, mit dem man gestaltet.« Für mich bedeutet das auch: Ich will meine Kunst nutzen, um meine Umwelt zu prägen. Aber nicht nur mit den üblichen Werkzeugen, in meinem Fall dem Schauspielhandwerk, sondern auch auf anderen Wegen.

Um kreativ zu bleiben und die Konzentration zu halten, zeichne ich aber nicht nur. Zu manchen Situationen passen andere Ausdrucksformen – etwa Dichten. Da kommen zwar meistens keine Zeilen heraus, die die Weltliteratur bewegen, aber zumindest für mich ist das wesentlich bewusstseinserweiternder als das ständige Starren auf Twitter und Facebook.

Einmal habe ich aber mit einem Gedicht sogar einen ersten Preis gewonnen. Das war im Sommer 2013 auf dem Schiff MS Europa, die damals direkt vor dem Restaurant »Sansibar« auf Sylt lag. Das war für mich schon deshalb ein Genuss, weil der Dreisterne-Koch Dieter Müller an diesem Abend für die Gäste kochte – ein Himmel voller Sterne auf den Tellern sozusagen. Fast noch beglückender war, dass ich später ein Rezept und ein von ihm signiertes Kochbuch geschenkt bekam – Kochbücher sind, wie gesagt, eine Sammelleidenschaft von mir. (Im Übrigen ist auch gutes Kochen in meinen Augen eine sehr hohe und bedeutende Kunst!) Als Sidekick an diesem Abend gab es einen Poetry-Slam, bei dem alle mitmachen konnten (oder mussten – ich weiß das nicht mehr so genau). Vorsitzender der Jury war kein Geringerer als Hellmuth Karasek. Gott habe ihn selig – und ich danke ihm, dass er mir die folgenden Zeilen verziehen hat:

Hooray

Klaus Störtebecker,
stürzte gern die vollen Becher
grölend seine Kehle runter,
solange er den Kopf trug munter.

Hätte man ihm da verraten,
im Angesichte seiner wilden Taten,
dereinst er könnte dies sogar
genüsslich in der SANSIBAR

Er hätte wohl, so wird erzählt,
sich SYLT als Heimat auserwählt.

Die SIEBEN WELTMEERE durchsegelt,
das hatte er für sich geregelt,
mit tausend Arten jener Schiffe ganz und ga(r),
am schönsten aber war's auf der EUROPA.

Und wenn er damals schon geahnt,
dass ohne Kopf ihm Übles schwant,
Er hätte sich beim Poetry-Slam ganz ohne unken,
mit allen andern jetzt betrunken!

Wer jetzt mäkelt, damit gewinne man wohl keinen Literatur-Nobelpreis, dem muss ich etwas hinterherschicken: Es gab damals ein paar erschwerende Vorgaben. Das Thema lautete »Poetry-Slam«, die Wörter »Europa«, »Die sieben Weltmeere«, »Sansibar« und »Sylt« mussten vorkommen, es durften maximal 100 Wörter sein – und vor allem: Wir hatten ganz wenig Zeit!

Kunst bedeutet also auch, zu wissen, was möglich ist, was denkbar ist, das Potential zu entdecken in dem, was man zur Verfügung hat. Zu dieser Einstellung hat nicht nur mein Vater, ein versierter Jazzmusiker, erheblich beigetragen, sondern auch das Reisen, sozusagen mein zweiter Bildungsweg – schließlich muss man ja Stoff haben, über den man erzählen kann.

2010 hatte ich das Vergnügen, etwas Abstraktes entwerfen zu dürfen. Der alljährliche BMW-Kunstadventskalender war eine großartige Sache, der Erlös kommt der Leukämie-Stiftung von José Carreras zugute. Dabei tun sich ein Künstler und ein Pate zusammen und erschaffen etwas Gemeinsames, das später versteigert wird. Ich tat mich mit Claudia Hillemanns zusammen, einer abstrakten Künstlerin aus Kassel, die mittlerweile in Freiburg lebt. Ganz in ihrem Sinne wollten wir spontan gemeinsam Aktionskunst schaffen. Ohne zu wissen, was ich genau damit anfangen wollte, brachte ich total phantasievoll einen Eimer Sand vom Urlaub am Titisee mit.

Hillemanns arbeitet viel mit Papier, das sie zuschneidet und aufklebt; dann wartet sie ab, in welche Richtungen es sich verformt. Als ich mit dem Eimer in der Hand an ihrer Tür klingelte, hatte sie den Beginn der Collage schon vorbereitet und in ihrem Garten aufgestellt. Die Staffelei stand auf einer hügeligen Wiese unter einer Birke – es hätte kaum kitschiger sein können. Sie nahm mir den Sand ab und mischte ihn mit Acrylfarbe und Wasser. Es entstand ein weicher roter Ton. Dann tauchten wir ab in unsere zwei Welten, sie auf der linken Seite, ich auf der rechten. Wir malten mit den Händen, und ich muss sagen, dass das eine wirklich sinnliche Erfahrung war. Mit all den gemischten Materialien fühlte sich das Kunstwerk irgendwie »echt« an. Ich hoffe, der Käufer des Gemäldes hatte später seine Freude damit.

Bei der von Birgitt Wolff ins Leben gerufenen Benefizveranstaltung im Leipziger Gewandhaus im Dezember 2010 trafen wir dann auf die anderen Künstler, Paten und ihre Kunstwerke. Es war ein gelungener Abend, bei dem viel Geld für einen guten Zweck zusammenkam. Viele der Paten kannte ich natürlich, meine frühere filmische Wegbegleiterin Christine Neubauer etwa, Armin Rohde oder Jutta Speidel. Ein Herr mit einem Champagnerglas in der Hand erzählte uns in freudiger Erregung, er habe das Werk von Hermann Nitsch erstanden, einem bekannten Wiener Aktionskünstler mit Hut und Rauschebart. Zusammen mit Harald Krassnitzer hatte er ein blutrotes Schüttbild fabriziert, ein Bild also, bei dem man Farbe auf eine Leinwand schüttet und darauf achtet, dass das Handgelenk bei der Aktion irgendwie spontan, unkontrolliert vorgeht.

»Ein echter Nitsch! Irgendwann wird das doppelt so viel wert sein«, freute sich der Käufer.

Ich wandte ein: »Also, ich glaube, der Krassnitzer hat auch ein bisschen mitgeschüttet.«

Da wurde er kreidebleich. Einen nur fünfzigprozentigen Nitsch hängt man sich vielleicht doch nicht mit der gleichen Begeisterung ins Wohnzimmer. Selbst wenn der Assistent ein bekannter »Tatort«-Kommissar ist.

Ich bin ein Kunstliebhaber, und wenn ich etwas Ordentliches gelernt hätte, so wie es mir viele Verwandte in meiner Kindheit angeraten haben, dann könnte ich es mir heute vielleicht auch leisten, Kunst zu kaufen. Ich kann es nachvollziehen, wenn Menschen ihr halbes Vermögen für einen Mack oder einen Neo Rauch ausgeben.

Das frühere Kindermädchen meines Stiefvaters erzählte einmal von einem Mann, der auf dem Dachboden einer Wohnung seiner Tante nach deren Tod eine Zeichnung entdeckte. Er fragte herum, recherchierte hartnäckig und fand heraus: Dieses Bild, einst, wie seine Tante ihm erzählt hatte, für zehn Pfund an einer Londoner Straßenecke gekauft, war ein echter Picasso. Der Wert des Bildes lag inzwischen im zweistelligen Millionenbereich. Die Frau hatte das nie interessiert.

Einen echten Picasso hätte ich auch gerne. Oder einen echten Goya oder Bosch. Die »Mona Lisa« hingegen nicht unbedingt. Als ich die schöne Dame in Paris einmal aufsuchte, stellte sich heraus, dass sie doch ziemlich klein geraten ist, und obendrein stehen ständig Menschen vor ihr, so dass man einfach keine Beziehung zu der Frau aufbauen kann ...

Hingegen bewundere ich die Holzschnitte von Utagawa Hiroshige, einem japanischen Künstler aus dem 19. Jahrhundert. Er hat den europäischen Impressionismus stark beeinflusst, wie in einigen Bildern von Vincent van Gogh oder Paul Gauguin zu sehen ist. Ein Beispiel für mich, wie universell Kunst ist, und wie sehr uns Fremdes in unserem Leben immer wieder beeinflusst ...

Ich bin künstlerisch durchaus englisch geprägt. Vor allem durch meinen Vater, einen begnadeten Jazzmusiker, der diese wundervolle Musik in den fünfziger Jahren mit nach Deutschland brachte. Schon über diesen persönlichen Weg wurden mir früh Augen und Ohren für die Schönheit von Kunst und Musik geöffnet. Und als ich in London lebte, ging ich oft in die Tate Gallery of Modern Art, zu jener Zeit, als die Young British Artists um Damien Hirst in aller Munde waren. Bei der einen oder anderen Kunstmesse durfte ich auch mal einen Tag vor der Eröffnung rein, das war natürlich phantastisch. So konnte ich viel engere Beziehungen zu den Ausstellungsstücken aufbauen als etwa zum Popstar Mona Lisa.

1987, ungefähr ein Jahr nachdem Beuys starb, reiste ich für meinen ersten längeren Aufenthalt nach New York – und dort wurde mir schon nach ein paar Tagen klar, wie sehr sich dieser Besuch auf mein Leben auswirken würde. Klar, auch in Deutschland waren damals schon viele Tabus gebrochen, vor allem politische: Minister ließen sich in Turnschuhen vereidigen, man propagierte Petting statt Pershing, »99 Luftballons« stürmte die Charts, Hausbesetzer in der Hamburger Hafenstraße wurden politisch anerkannt ... Doch in New York konnte man dann erahnen, wie viel Undenkbares die große weite Welt noch für einen bereithielt.

Gelandet war ich zunächst in Newark und dann in der Wohnung eines über mehrere Ecken befreundeten Deutschen in der 33. Straße. Damals war New York noch deutlich gefährlicher als heute, ein wahrer Sündenpfuhl. Rudolph Giuliani sollte dort erst ab 1994 als Bürgermeister mit eisernem Besen kehren. Direkt vor der Haustür gehörten Prostituierte, Obdachlose mit Schnapsflaschen in braunen Papiertüten und Junkies zum Straßenbild. Der deutsche Freund war ein Dekorateur für die Kaufhauskette Macy's und hatte sich in ein Loft eingemietet, wie man es sonst nur in Fernsehserien zu sehen bekommt. War man erst einmal an den Nutten vorbei, ging man durch den Hinterhof und stieg in einen Lastenaufzug mit einer schweren Stahltür, um dann im achten Stock in einer Boheme-Wohnung zu landen, voll mit erlesener Kunst und bisweilen auch mit irrwitzig avantgardistischen Partys. Andy Warhol war gerade gestorben, das Studio 54 hatte schon für immer zu, doch der Geist jener Zeit wehte noch durch Manhattan. Tagsüber war man fasziniert vom recht paradoxen Gesellschaftsgemisch aus kiffenden Flower-Power-Hippies, koksenden Wall-Street-Brokern und all den tragischen Gestalten, die ihre verrosteten Einkaufswägen durch die Straßen schoben und bettelten. New York war der Dampfkessel auf dem Herd namens USA, dem Land der unbegrenzten Möglichkeiten. Unbegrenzt hieß aber halt zugleich, dass man abstürzen konnte. Es fielen viele Späne, es gab massive Probleme, aber es herrschte eben auch eine unglaublich kreative Atmosphäre in dieser Stadt.

Nachts ging es vor allem darum, erfolgreich *party crashing* zu betreiben, auch ohne dicke Geldbörse – und das alles in einem Land, in dem man keinen Alkohol im Auto mitführen darf und in dem in Werbespots die BHs außen auf der Bluse aufgetragen wurden, damit man ja nichts sehen konnte. Man kann sie lieben oder hassen, die Amis, oder auch beides zugleich, aber dazwischen gab es schon damals nicht viel. Nun, ich persönlich liebte Amerika.

Ich war allerdings nicht als Tourist in New York unterwegs, oder um mich in einem coolen Loft wichtig zu fühlen. Meine eigentliche Schauspielausbildung hatte ich zwar an der Otto-Falckenberg-Schule in München gemacht, doch mein Weg in den Beruf war kein gänzlich deutscher. Einer meiner wichtigsten Mentoren hieß John Costopoulos, in den achtziger Jahren gab er Schauspielworkshops. Er ist Lehrer am berühmten Actors Studio in New York, so etwas wie das Harvard unter den Schauspielschulen: renommiert, mit berühmten Abgängern wie Marlon Brando, Dustin Hoffman, Robert De Niro, Paul Newman, James Dean, Gene Hackman, Montgomery Clift und

Marilyn Monroe, um nur einige zu nennen; Harvey Keitel und Al Pacino fungieren derzeit als Präsidenten des Instituts.

Johns Kurse haben meinen Zugang zur Schauspielerei tief geprägt, weil am Actors Studio das sogenannte *Method Acting* gelehrt wird, das mir in vielen Situationen weitergeholfen hat. Einige Jahre später, Ende der Neunziger, hatte ich sogar die Ehre, in den heiligen Räumen des Actors Studio für ein paar Wochen ein und aus zu gehen und großen Lehrmeistern über die Schulter zu schauen. Zu jener Zeit wurde das Studio von den Legenden Arthur Penn (Regisseur von Welthits wie »Bonnie & Clyde«) und der Schauspielerin Estelle Parsons geleitet (die 1968 den Oscar als beste Nebendarstellerin in »Bonnie & Clyde« an der Seite von Gene Hackman gewann). Costopoulos hat mir unter anderem klargemacht, dass Probleme dazu da seien, auf die Seite geschoben zu werden. Eingebrannt hat sich mir der simple, aber zutreffende Satz, mit dem er mich ständig triezte: »If you want to get on stage, go and get it!«.

Im Rahmen des *Method Acting* wurde an der Schule die »sensorische Erinnerung« (*Sensory Work*) gelehrt. Sie beruht auf der Annahme, dass jede emotionale Erinnerung nicht nur in unserem Gehirn, sondern auch in unseren Körperzellen gespeichert wird. Wenn man nun bestimmte Formen der »persönlichen Improvisation« trainiert, kann man diese »Erinnerungspunkte« stimulieren. Der Psychoanalytiker nutzt diese Ebenen für therapeutische Zwecke. Ursprünglich wurde diese Technik von Konstantin Stanislawski erfunden und dann von Lee Strasberg am Actors Studio weiterentwickelt – und offensichtlich ist sie durchaus erfolgversprechend.

In der Praxis funktioniert es so: Man verbindet ein Erlebnis aus dem eigenen Leben mit einem Gegenstand, der helfen soll, die Emotionen hervorzurufen, die für eine Szene gebraucht werden. Wenn zum Beispiel einst auf der Beerdigung der Großmutter ein roter Luftballon durch den Himmel flog, dann nimmt man sich diesen roten Punkt als *trigger*, als Auslöser, und koppelt ihn über verschiedene Arbeitsschritte an die Emotion, in diesem Fall also Trauer. In der Praxis ist es natürlich ein bisschen komplizierter, aber im Kern trifft diese Erklärung die Methode ganz gut. Irgendwann hat man das Prinzip so intus, dass man theoretisch schon beim Anblick von Bratkartoffeln mit Speck in Tränen oder schallendes Gelächter ausbricht.

Die Idee dahinter ist klar: Es geht darum, »echte« emotionale Erfahrungen zu nutzen, um die eigene Rolle ebenfalls echter wirken zu lassen. Wichtig ist nicht in erster Linie, dass man irgendeine Situation – wie etwa eine Beerdigung – noch einmal durchlebt, sondern dass man damit im Zuschauer etwas auslöst. Schauspiel ist sehr viel Handwerk. Doch man gibt auf indirekte Weise auch immer etwas von sich selbst preis – selbst wenn der Zuschauer im Einzelfall gar nicht weiß, was das ist. Beim *Method Acting* geht es darum, Erfahrungen, die man selbst einmal gemacht hat, wie auf Knopfdruck abrufen zu können. Es geht um eine Wiederholbarkeit, die das Ganze authentischer machen soll. Es gibt große deutsche Mimen, die sinngemäß gesagt haben: Ich denke an dieser Stelle an Bratkartoffeln mit Speck, und dann bin ich an der Stelle auch total authentisch.

Ich habe es sehr oft angewandt, ohne groß darüber zu sprechen. Womöglich hätte ich meine bis heute bedeutendste Rolle nicht bekommen, wenn ich nicht darauf hätte zurückgreifen können. Für das Casting zur Rolle des Franz Josef Strauß in der »Spiegel-Affäre« habe ich drei Szenen vorbereitet; eine davon ist jene, in der FJS mit seiner Frau Marianne redet und ihr weinend gesteht, dass er verzweifelt ist und nicht weitermachen möchte. Ich wusste, dass ich beim Vorsprechen ebenfalls weinen musste. Die Frage war: Wie bekomme ich es hin, dass ich beim Casting einen richtigen Zusammenbruch habe?

Daraufhin habe ich eine Krawatte von meinem Großvater aus den fünfziger Jahren mitgenommen, sie war blau mit einem roten Muster darauf, ganz fein und dünn. Diese Krawatte war für mich der rote Luftballon. Ich habe damit ein trauriges, sehr persönliches Erlebnis mit Opa verbunden.

Ich habe mir die Krawatte angezogen, kurz berührt, und es hat perfekt funktioniert: In jener Szene surfte ich plötzlich auf einer Emotionswelle und heulte Rotz und Wasser. Eine weitere emotionale Hilfe war, dass meine Partnerin Caroline Ebner war, die Tochter von Käthe Ebner, eine meiner wichtigsten Lehrerinnen an der Schauspielschule. Diese Vertrautheit hat mir sehr geholfen, diese Emotionen hervorzurufen.

Eine weitere Szene beim Casting war eine Agitationsrede von Strauß. Dafür hatte ich eine Zigarre mitgebracht, denn da ging es um eine andere Emotion, um Wut – dafür war die Zigarre der auslösende *trigger*. Diese Wut gab der ausgefeilten Rede den nötigen aggressiven Bums. Es war natürlich auch ein bisschen Glück dabei, dass es zweimal gut geklappt hat bei diesem Vorsprechen, aber wie heißt es so schön: Glück kann man sich erarbeiten. Ich bin den Produzenten jedenfalls sehr dankbar, dass ich diese Chance bekommen habe.

Diese Rolle war wie ein Kreis, den ich 1986 begonnen hatte zu zeichnen und den ich als Charakterdarsteller in einem großen Film schließen konnte. Als ich 2014 den Bambi in der

Hand hielt, konnte ich es nicht fassen – und habe seitdem Lust auf mehr von diesen herausfordernden Rollen.

Ich werde oft gefragt, warum ich eigentlich kein Hollywood-Schauspieler geworden sei. Das hätte sich ja angeboten, immerhin bin ich zweisprachig aufgewachsen und kenne viele Leute in den USA. Irgendwann hatte ich sogar alle Telefonnummern und Kontakte beisammen, die man benötigt, um den Fuß in die Tür nach Hollywood zu bekommen.

Ich habe es anders als Kolumbus gemacht: Ich habe die Ostroute gewählt, um Amerika für mich zu entdecken. Alles begann mit Hongkong im Jahr 1997. Heino Ferch rief mich damals an: »Mensch, Francis, die Chinesen bekommen doch Hongkong zurück. Das wird eine Riesenparty! Eine Freundin besorgt Hotelzimmer!«

»Count me in«, sagte ich nur.

Es wurde tatsächlich eine Riesenparty, wir haben damals das Feuerwerk von Kowloon direkt vom Balkon aus verfolgt.

Wir trennten uns vorübergehend. Die Schauspiel-Reisegruppe fuhr nach Bali weiter, aber ich hatte damals keine Lust, nur faul am Strand zu liegen, sondern wollte etwas erleben und flog stattdessen nach Tokio. Dort pflegte ich vor allem meine Aikido-Leidenschaft (ich war jeden Morgen um sechs im Dojo) und frischte zudem mein Japanisch auf – ein paar Brocken spreche ich heute noch. Doch Tokio ist unglaublich teuer, und schon bald wurde das Geld knapp. Ich war deshalb sehr froh, dass mich Philipp Weck plötzlich anrief: »Wo bist du, wir fahren jetzt zum Sundance Film Festival.«

Ich ging also hinunter in die Hotellobby und bat nachzusehen, wann der nächste Flug nach Los Angeles ging. »Heute Abend« lautete die Antwort. Ich zückte meine Kreditkarte, checkte aus und fuhr mit meinen letzten Yen per Taxi zum Flughafen.

In L. A. nahm ich mir ein Mietauto, einen weißen Chrysler, denn bevor wir zum Festival nach Utah fuhren, sollte ich Philipp Weck in Beverly Hills aufsammeln. Doch ich verfranste mich total in dieser riesigen Stadt, die eigentlich nicht »City of Angels«, sondern »City of Concrete« heißen müsste – Betonstadt. Irgendwann hielt ich an und ging zu einem Münztelefon, um Philipp noch einmal nach dem Weg zu fragen.

»Wo bist du denn?«, fragte er.

»Ich bin, glaube ich, südlich von Downtown.«

Ein Aufschrei am anderen Ende der Leitung: »Da werden Menschen erschossen!«

Ich blickte mich um. In gewisser Weise fühlte ich mich so, als sei ich direkt in eines der berühmten Studios nach Hollywood gefahren, dann aber in einer Halle gelandet, in der sie das Set für den Showdown eines Bandenkrieges aufgebaut hatten: schwarze Männer, neben brennenden Mülltonnen stehend, die mich interessiert ansahen – mich, einen Weißen mit einem weißen Cabriolet und einer teuren Sonnenbrille in den Haaren. Vermutlich hielten sie mich für gemeingefährlich oder für völlig übergeschnappt, jedenfalls ließen sie mich in Ruhe. L. A. kann wohl auch manchmal eine »City of Schutzengel« sein. Das jedenfalls war ein Tag, an dem ich mir ein Navi gewünscht hätte. Trotz meines schlechten Orientierungssinns (und dank ein paar Landkarten von einem 7-Eleven-Store) schaffte ich es irgendwann doch noch zu Philipp und mit ihm schließlich nach Park City in Utah. Dort lernte ich Leute wie Roland Emmerich, Vincent Gallo oder auch Vin Diesel kennen, Menschen also, die entweder kurz vor ihrem großen Durchbruch standen oder diesen gerade erlebten. Emmerich hatte mit »Independence Day« ein halbes Jahr zuvor den großen Coup gelandet. Als wir ihn besuchten, war auch Hauptdarsteller Bill Pullman gerade da – das war alles schon oberamtlich, großes Kino sozusagen.

Sundance ist ein guter Anlass, um solche Menschen zum ersten Mal zu treffen. Niemand ist im Drehstress, alle sind gut drauf. Tagsüber fuhren wir mit Skiern durch den Pulverschnee – Sundance findet immer im Januar statt –, abends gingen wir auf Partys. Später, zurück in L. A., sagte ich zu Philipp, dass ich gerne ein paar Leute in unsere Wohnung einladen würde.

»Klar, warum nicht«, sagte er.

Ich holte alle Visitenkarten aus meinem Geldbeutel, die ich in den vergangenen Tagen gesammelt hatte, und rief die Leute einfach an. Dann verschwand ich für einen kompletten Tag in der Küche und bereitete ein Barbeque, Antipasti und andere Leckereien zu.

Es wurde eine ausgelassene Party. Mehr als 100 Leute kamen, es gab viele anregende Unterhaltungen. Zwischendurch raunte mir ein Freund zu: »Francis, das ist Wahnsinn, wie hast du das nur gemacht?«

»Ich koche eben gerne«, erwiderte ich.

»Nein, ich meine, diese ganzen Leute hier! Das ist das Who's who aus Hollywood, bei denen du in hundert Jahren keinen Termin kriegst. Und die sind alle auf *deiner* Party?«

Ich entgegnete, dass ich nichts weiter getan hätte, als beim Sundance Bier zu trinken und mich gut zu unterhalten.

Man könnte also sagen: Ich hatte damals den Fuß in der Tür. Aber wenn man ehrlich ist, war diese Tür immer noch zu. All diese Hollywood-Größen waren nämlich nur deshalb zu meiner Party gekommen, weil ich eben *nicht* gesagt hatte: »Ich bin Schauspieler, haben Sie eine Rolle für mich?« Ich hatte es einfach laufen lassen, die Gesellschaft genossen, ohne jeglichen Hintergedanken. Sie waren gekommen, weil sie abschalten wollten. Wäre ich da aufdringlich geworden, dann hätte das wahrscheinlich einen eher kontraproduktiven Effekt gehabt.

Vor dieser kleinen Weltreise hatte ich sechs Jahre lang quasi durchgearbeitet, umso mehr genoss ich nach Sundance das Lotterleben noch für kurze Zeit, blieb noch eine Weile in L. A., flog nach Hawaii und besuchte entfernte Verwandte in Florida.

Auf dem Weg von den USA zurück nach Deutschland legte ich völlig unerwartet noch einen weiteren Umweg ein. Denn auf dem Heimflug lernte ich Kathrin kennen. Sie war mir schon vor dem Boarding aufgefallen, zufälligerweise saßen wir dann nebeneinander. Und was soll ich sagen: Noch bevor wir wieder landeten, hatten wir uns schon ziemlich gut kennengelernt – wir waren innerhalb von sechs Stunden zu einem Paar geworden.

Kathrin hatte damals ein Modelabel, die Fabrik stand in Mailand, wo ich später auch für kurze Zeit lebte. So rutschte ich in das Prêt-à-porter-Business hinein und pendelte zwischen Norditalien und Paris. Bei den Modeschauen saß ich oft backstage und bekam die Kinnlade gar nicht mehr hoch. Nicht, weil ich dort so viele nackte Frauen sah, die man sonst nur in Zeitschriften sieht, sondern weil das selbst für einen Schauspieler noch einmal eine völlig andere, viel verrücktere Welt war: Ein Model kommt vom Laufsteg zurück, dann wird ihr das Kleid oder das Kostüm oder was auch immer vom Leib gerissen, anschließend wird sie quasi in das nächste hinein-

genäht, fünf, sechs Helfer schrauben dann an diesem Super-
model herum, und dann geht sie wieder raus und macht ihr
Ding. Es erinnert ein wenig an einen Boxenstopp in der Formel 1, nur dass da eben nicht an einem Boliden herumgewer-
kelt wird, sondern an den schönsten Frauen der Welt. Ab und
zu saßen wir dann noch spätabends an einem Tisch mit Lager-
feld oder Gaultier. Es war wie in einem anderen Universum.

Dass ich irgendwann von diesen Abenteuern aus den neunziger Jahren nach München zurückkehrte, war in gewisser
Weise eine Liebesbekundung an meine deutsche, im Speziel-
len meine bayerische Heimat. Die bayerische Kultur macht es
einem leicht, sich heimisch zu fühlen. Vielleicht war mir Hollywood damals ein wenig zu groß und zu weit weg und Mailand und Paris ein wenig zu verrückt und abgedreht. Irgendwann hatte ich wohl einfach Heimweh nach der Heimat – ein
kleines bisschen jedenfalls.

Fish statt Chips

Fischen

Es gibt Tage – freie Tage, wohlgemerkt –, an denen stehe ich um vier Uhr morgens auf, um noch vor Sonnenaufgang bereit zu sein. Denn es geht darum, im wahrsten Sinne des Wortes Distanz zwischen sich und den Job zu bringen. Dann fahre ich an so liebgewonnene Orte wie Bad Berka in Thüringen oder an die Saale, an die kristallklare Jachen, die kleine Moosach, den Seehammer See, den Abfanggraben, die breite Ilm, den Ribble oder den Tweed, um mich dort in einen Fluss zu stellen und die Ruhe und die Landschaft zu genießen. Weil man dabei ganz nebenbei auch noch einen langen Faden ins Wasser wirft, nennt man diesen Aufenthalt in der Natur auch gerne »Fischen« – »Fliegenfischen«, um genau zu sein. Gerade, wenn man immer wieder aus einem zehrenden Job ausbrechen muss wie ich, wirkt das spannend und entspannend zugleich. Denn es bringt Ruhe in das Leben. Ruhe, die wir alle zwischendurch brauchen. Zugleich aber auch eine gewisse Tiefe, eine Spiritualität, die man im hektischen Alltag verliert, oft ohne es zu bemerken. »Fishing is not all about catching fish«, sagen mein Onkel und mein Vater immer. Recht haben sie.

Richtig abzuschalten, das habe ich über meine englische

Seite gelernt. Abgesehen davon, dass ich in Thüringen Freunde habe, die meine Leidenschaft teilen, fahre ich vielleicht auch deshalb so gerne dorthin. Für einen Engländer ist das dort eine wunderschöne, geradezu heimelige Landschaft.

Ich war drei oder vier Jahre alt, als mich Dad und Uncle Malcolm zum ersten Mal zum Fischen mitnahmen. Mein Onkel fuhr nach dem Fischen oft gar nicht mehr nach Hause, sondern lebte dann, rund fünfzig Kilometer von seinem Haus entfernt, mehrere Tage lang in einem Wohnwagen auf einem Campingplatz. Hinter diesem Wohnwagen habe ich gelernt, wie man die Schnur wirft – eine typische Peitschenbewegung, die man lange einstudieren muss, damit man die Schnur möglichst weit rausbekommt, ohne dass sie in einem Baum hängenbleibt.

Wenn man morgens zum Fluss kommt, macht man sich erst einmal mit der Umgebung vertraut. Sie ist bei jedem Wetter und zu jeder Jahreszeit unterschiedlich. Also setzt man sich erst einmal hin und schaut. Und schaut. Und schaut. Wenn es ruhig wird um einen herum, dann entdeckt man die kleinen Details. Etwa: Was sind heute für Fliegen da? Es gibt unendlich viele Unterschiede und auch viele Insekten, die sich direkt auf der Wasseroberfläche aufhalten. Es macht wenig Sinn, im August beispielsweise eine Maifliege als Köder zu verwenden, oder ein riesige Lachsfliege für Äschen. Fische sind ja nicht blöd.

Fliegenfischer ahmen die Natur nach: Um die Angel herum werden kleine Stoffe und andere Dinge verarbeitet, um den Fisch anzusprechen, so dass sich dieser denkt: Ah, etwas zu fressen, das will ich jetzt. Dazu muss man natürlich auch wissen, in welcher Umgebung sich der Fisch gerne aufhält.

Schwimmt er zum Beispiel gerne im Seichten? Oder gründelt er unten am Boden, oder jagt er lieber an der Wasseroberfläche?

Die Fliegen, die ich als Köder nutze, sind aus kleinen Federn und Haaren gebunden und ahmen in der Regel täuschend echt das Original nach. Es gibt große, kleine, dicke, dünne, bunte und erdfarbene. Man wählt eine aus, von der man überzeugt ist, dass sie den Fischen bestimmt schmecke.

Frühmorgens sind meine Muskeln meist noch kalt. So gefühlvoll es geht, kippe ich meinen Arm vor und zurück, mein Handgelenk bleibt dabei steif. Meterweit wird die Schnur dabei nach vorne, dann nach hinten und wieder nach vorne geschleudert, bald zieht sie ob dieser Peitschenbewegungen Ovale in der Luft. Wenn man es gerade erst lernt, wirken diese Bewegungen oft ein wenig hektisch, so, als wolle man einen Mückenschwarm verscheuchen. Doch mit ein bisschen Übung schießt die Schnur butterweich drei, vier Mal über das Wasser, und mit der freien Hand gebe ich weitere Schnur frei, um mehr Reichweite zu erlangen. In einer letzten Vorwärtsbewegung lasse ich sie weit nach vorne schießen, möglichst punktgenau dorthin, wo ich den Fisch vermute, auf den ich es abgesehen habe. S-rrrr, macht die Schnur dabei. Und dann: plitsch. Wenn man möchte, kann man dann noch die echten Zuckungen einer bestimmten Fliegenart nachahmen, indem man immer wieder leicht an der Schnur zieht.

Ich denke in solchen Momenten oft zurück an meine Kindheit, wie ich als kleiner Bub hinter dem Wohnwagen stand und versuchte, die Schnur durch die Luft flirren zu lassen. Heute habe ich diese Schwünge recht erfolgreich ins Portfolio meines Bewegungsapparates integriert: schauen, werfen, einholen. Am späten Vormittag eines solchen Tages merke ich dann, wie ich beginne, mich zu entspannen. Wie sich alles auf das Hier und Jetzt verdichtet.

Atmen.

Fühlen.

Riechen.

Der Fluss, die Bäume, die Graswiesen – Duftmoleküle der Natur, die in meiner Nase tanzen. Ich inhaliere die Gerüche, ich verinnerliche die Stille hinter dem sanften Flüstern des Flusses, ich lasse all das wirken, genieße das Loslassen.

Das macht man dann den ganzen Tag. Das Schöne dabei ist: All diese Vorbereitungen an sich sind noch lange keine Garantie dafür, dass man auch etwas fängt. Oft genug geht man ohne einen Fisch nach Hause. Aber dafür hatte man einen schönen Tag am Fluss.

Im Einklang mit der Natur zu sein bedeutet auch, Artenschutz zu betreiben. In jeder Gegend gibt es Schonzeiten und Schongrößen. Während einer Schonzeit muss man die gefangene Fischart grundsätzlich wieder freilassen. Die Schongröße ist dazu da, jüngere Fische zu schützen, bevor sie geschlechtsreif sind. Wenn man sie fängt, wird erst einmal nachgemessen. Letztlich lässt man die allermeisten Fische zurück ins Wasser. Eine leckere Äsche oder einen anderen Fangfisch über einem kleinen Lagerfeuer zu grillen kommt sehr selten vor.

Auch das habe ich meist nur in England oder Schottland erlebt. Wenn ich erfolgreich war, dann sammlete ich trockenes Holz, dazu etwas Reisig, und kurz darauf hatte ich ein hübsches, kaum qualmendes Feuer lodern. Ich spitzte mit einem Messer Äste an, steckte die ausgenommenen, leicht gesalzenen Fische darauf und hielt sie über die Flammen.

In solchen Momenten ist meine Welt in Ordnung. Sie ist friedlich und lagerfeuerrauchgewürzt. Das ist meine, zugegeben recht altmodische, Variante des Abenteuerurlaubs.

Ich bin schon seit Jahrzehnten Mitglied bei den Isarfischern, ein Verein für München und Umgebung, der mehrere Gewässer verwaltet, Flüsse wie Seen. Man zahlt eine Jahresgebühr für eine Erlaubniskarte. Alles ist reglementiert, und das ist auch gut so. Zwei Fische darf man maximal pro Tag fangen, man muss diese auch dokumentieren, und wenn man sie tatsächlich behält, dann müssen sie auch fachgerecht getötet werden. Früher gab es an den Angelhaken Widerhaken, die sind mittlerweile verboten. Nicht selten kommt auch der eine oder andere Fischereiaufseher vorbei und fragt nach dem Ausweis.

Schwarzfischen ist strafbar, es wird wie Diebstahl behandelt. Denn die Mitglieder müssen auch für den Fischbesatz bezahlen, dafür also, dass es genug Fische gibt, um die Nachhaltigkeit zu gewährleisten. Bedingungen und Quoten zu kontrollieren ist essentiell – da kommt wirklich der Deutsche in mir durch. Fischereivereine sind extrem wichtig für eine gesunde Gewässerkultur.

Darüber hinaus gibt es noch Saubermachtage. An denen werden Gewässerstrecken von Unrat gereinigt, den überwiegend ökologisch ach so bewusste Camper hinterlassen haben, nachdem sie beim Grillen waren.

Warum ich das alles erzähle? Weil man sich als Fischer unglaublich oft anhören muss, man mache die Natur kaputt. In England kennen sich die meisten Menschen mit den Reglementierungen für Fischer aus, dort wird man nur selten gescholten. Wenn ich aber zum Beispiel an der Isar oder im Voralpenland im Wasser stehe, werde ich oft von Passanten angesehen, als hätte ich gerade einen Öltanker auf ein Riff gesetzt.

»Dürfen Sie hier überhaupt angeln?«, heißt es dann nicht selten.

Ich verkneife mir ein »Ich angle nicht, ich fische«. Es sind oft dieselben Menschen, die ihren Hund direkt neben einem Fischer ins Wasser springen lassen. »Ja, darf ich. Aber fangen werde ich jetzt nichts mehr, Ihr Hund hat ja gerade alle Fische vertrieben.«

»Sie leinen ja Ihr Kind auch nicht an, oder?«, kommt dann gerne als Antwort. Er dürfe das, das sei sein gutes Recht. Aber mich muss man schon mal fragen dürfen, ob ich angeln darf … Der Einklang mit der Natur wie auch der Einklang mit den Mitmenschen geht an solchen Tagen dann schon mal den Bach runter.

Für mich geht es schlicht um Entschleunigung, darum, wieder zu mir selbst zu finden. Es geht nicht darum, Körper und Geist »aufzutanken« und wieder zu optimieren, um im Job so leistungsfähig wie vorher zu sein. Ich muss gestehen: Es gab eine Zeit, Anfang der neunziger Jahre, da genoss ich den Starrummel, da bin ich voll in dieser Filmwelt aufgegangen: heute London, morgen Babelsberg, übermorgen New York. Doch Fliegenfischen und Aikido haben mich davor bewahrt, endgültig abzuheben und nicht komplett in der Glitzerwelt unterzugehen, sondern auch hier ein Wanderer zwischen den Welten zu bleiben.

Gleichzeitig lernte ich auf diesem Weg die wunderschönen Orte Ostdeutschlands kennen, die ich vor der Wende nie zu sehen bekommen hatte. Ich bin froh, dass dank meiner Rolle als Doktor Kleist Eisenach zu einer Art zweiten Heimat geworden ist. Ähnlich wie in München bin ich dort den entschleunigenden Flüssen sehr nah.

Es geht beim Fliegenfischen nicht darum, seine Fähigkeiten zu perfektionieren. Auch wenn es natürlich eine Genugtuung ist, wenn man die Schnur auf zwanzig Meter Entfernung auf den Zentimeter genau dort absetzen kann, wo man sie haben möchte. Doch beim Fliegenfischen gehören Fehler und Misserfolg ebenso dazu wie anderswo im Leben. Unvollkommenheit ist sozusagen Teil der Natur.

Natürlich kann man aus dem Fischen auch einen Profisport machen, wenn man das möchte. Der Hightech-Angler, dem ich ab und zu begegne, sieht dann in etwa so aus: Er hat die Rolle vor jedem Einsatz blitzblank poliert. Er hat verschiedene Ruten, am besten für jede Fischart eine. Diese sind dann aus Materialien hergestellt, die einem nur bekannt sind, wenn man ein abgeschlossenes Chemiestudium hat. An den Ruten hängen Schnüre, die vermutlich in Weltraumlabors getestet wurden und so reißfest sind, dass es egal ist, ob im Fall des Falles ein Barsch oder ein Blauwal am anderen Ende baumelt. Sie bringen außerdem mit: Blinker, Wobbler, Schwimmer und eine Chemokeule gegen die Mücken. Manch einer gönnt sich gar einen elektronischen Bissanzeiger oder – jetzt wird's nerdy – einen tragbaren Sonar-Fischfinder mit Alarmfunktion, um im Feldzug gegen das Schuppentier nur ja zu reüssieren.

In solchen Fällen geht es darum, die Natur zu überlisten, diese bösartige Flora-Fauna-Mafia aus feigen Fischen und Blutsaugern. Es geht aber nicht darum, eins zu werden mit der Natur.

Diese Anglertypen gibt es natürlich überall, auch in England. Die deutsche Variante ist meist nur besser zu erkennen.

Denn der deutsche Angler trifft gerne in sündhaft teurer Funktionskleidung am Gewässer ein. Oder mit Camouflage-Watthosen, gerne in konturverwischendem Moddergrün, mit denen man im Vietnamkrieg seine Überlebenschancen enorm gesteigert hätte. Dazu obenrum eine Tausend-Taschen-und-Laschen-Weste. Und selbstredend ein Anglerhut, gewissermaßen als Krönung, online geshoppt, natürlich in England. So stehen sie dann am Tümpel bei Wanne-Eickel, und die Fische sehen mit offenen Mäulern staunend zu ihnen auf.

Diese Leute sind meist Solisten, die das Alleinsein mit In-der-Natur-Sein verwechseln und die sich in gewisser Weise im Krieg befinden. Für jede Eventualität, vom spontan auftretenden Reizhusten bis zum drohenden Weltuntergang, haben sie das passende Equipment parat; das Entpacken desselben folgt meist einer strikt ausgeklügelten Reihenfolge. Das kann man typisch deutsche Gründlichkeit nennen.

Vielleicht ist es ja so: Angeln tut man am besten in Deutschland, Fischen am besten in England. Auf einem Hocker zu sitzen, eine Angel mit einem Wurm dran ins Wasser zu werfen und dann etwas zu fangen, das wäre bei meinen nordenglischen Verwandten als geradezu unsportlich verpönt.

Man könnte das Ganze natürlich auch umgekehrt sehen. Der schnöselige Engländer, dieser nostalgisch-antiquierte Forellenflüsterer, glaubt am besten zu wissen, wie man Fische aus dem Wasser holt. Aber das will ich natürlich nicht. Ich will nur einen schönen Tag am Wasser verbringen. Und das Geld, das andere in eine teure Ausrüstung stecken, investiere ich bevorzugt in eine leckere, womöglich etwas teurere Forelle aus einer Zucht in Bayern.

Gary Cooper beim Fischen – nach einer Fotografie
von Robert Capa

Sie belieben wohl zu scherzen?

Humor

Im Januar 2015 erschien eine Folge von »Ein Fall von Liebe«, über die wir intern danach noch viel diskutierten. Die Folge hieß »Das Geisterhaus«. Mein Alter Ego, der Anwalt Florian Faber, wird von einem älteren Ehepaar engagiert, weil es in ihrem Haus angeblich spukt. Zuerst schicke ich den jungen Assistenten vorbei, der aber nichts Verdächtiges vorfindet. Schließlich fahre ich selbst noch einmal hin. Bei Kaffee und Keksen versuche ich den Herrschaften klarzumachen, dass sie sich die Idee mit Regressansprüchen gegen den Vermieter aus dem Kopf schlagen können. Doch dann verschwimmt das Bild vor meinen Augen, die Stimmen verzerren – es spukt!

Ich habe in der Rolle Lachanfälle und Schweißausbrüche, aber auch meine hellen Momente. Als mir das Ehepaar erzählt, dass die Kekse vom Nachbarjungen gebacken wurden, wird mir schnell klar, dass es hier sehr wohl »Geister« gibt und dass sie aus Tetrahydrocannabinol bestehen: kurz THC, also dem chemischen Bestandteil, der im Cannabis den Rausch auslöst. Die alte brave Dame, die keine Ahnung von der Wirkung hat, konnte gar nicht anders, als an einen Spuk zu glauben.

Das so darzustellen, dass es einerseits realistisch, andererseits für eine breite Masse nachvollziehbar ist, war schwierig, hat uns am Set aber großen Spaß bereitet. Dem Feedback nach zu urteilen, kamen auch viele Zuschauer auf ihre Kosten. Trotzdem gab es Redaktionsmitglieder, die völlig empört sagten: Was soll das? Das ist doch nicht lustig! Es drängte sich natürlich die Frage auf, weshalb man so etwas in ein Drehbuch schreibt, wenn anschließend vielleicht die Umsetzung gar nicht gefällt.

Über Humor kann man bekanntlich trefflich streiten. Und kaum etwas sagt so viel über die Unterschiede zwischen Ländern aus wie das, worüber die Menschen lachen.

Es dürfte wenig überraschend sein, dass mein Humor stark britisch geprägt ist. Ich habe ihn eben gern wie meinen Kaffee: schwarz und stark. Dieser britische Humor wirkt auf den ersten Blick oft auch albern. Man denke nur an Monty Pythons Sketch »Ministry of Silly Walks«. Es prallen zwei Welten aufeinander, die eigentlich nichts miteinander zu tun haben, in diesem Fall: die Steifheit der englischen Politik und die Einfachheit eines kindlichen Gemüts, garniert mit einem völlig bierernsten Gesichtsausdruck. Diesen Zusammenprall zu beobachten, das entlockt den Menschen oft ein Lachen.

Die größten Vertreter der Slapstick-Gilde waren Charlie Chaplin, Buster Keaton und natürlich Stan Laurel und Oliver Hardy. Meine Lachsalven in der oben genannten Darstellung »Ein Fall von Liebe« waren übrigens meine persönliche Hommage an Stan Laurel, der in dem Film »Fra Diavolo« gemeinsam mit Ollie in den Keller muss, um Wein zu holen. Ollie steht am Fass und reicht Stan eine Tasse, mit der dieser dann die Karaffe füllt. Natürlich ist diese schon sehr schnell voll, aber anstatt einfach »Stopp« zu sagen, beginnt Stan, den überschüssigen Wein selbst zu trinken – und zwar auf ex! Es ist ein Meisterwerk der Schauspielkunst: wie er völlig betrunken wird und die Not und Verzweiflung ob seines »Rauschs« mit hinreißendem Lachen kompensiert.

So grotesk und sinnlos Monty Python oft erscheinen mag (»Ihr seid alle völlig verschieden« – »Ja, wir sind alle völlig verschieden«) – das Potential zum freigeistigen Denken muss schon enorm sein, sich so etwas Verschrobenes auszudenken. Und vielleicht lässt sich ja auch die (Denk-)Freiheit eines Landes daran messen, wie viel Humor-Output es hat und wie viel davon positiv aufgenommen wird. In England kommt die Obrigkeit dabei besonders oft schlecht weg, und das ist kein Zufall, sondern einfach die Bedienung des riesigen Anarchiebedarfs in der Gesellschaft. »Jeder Witz ist eine kleine Revolution«, hat der englische Schriftsteller George Orwell einmal gesagt.

Humor ist auch das Ventil einer Gesellschaft, ohne das, davon bin ich überzeugt, wir permanent Krieg hätten. Humor ist auch Anarchie, und Anarchie ist lebensnotwendig. Sie bohrt Konformität auf, welche der Tod der Kunst ist. Berühmte bayerische »Revoluzzer« wie Karl Valentin oder der Weiß Ferdl haben sich im Dritten Reich über die Nazis lustig gemacht. Und einem Händler aus dem Hunsrück namens Beldemer Lippert wird folgende Geschichte nachgesagt: Er soll auf dem Markt gestanden und geschrien haben: »Hering! Hering! So fett wie der Göring!« Natürlich wurde er umgehend von der Gestapo einkassiert, zum Glück aber nach einigen Tagen wieder freigelassen. Was hat er gemacht? Er ging schnurstracks zum Markt zurück und rief lauthals: »Hering! Hering! So fett wie vorige Woche!«

Ich kann nicht definieren, was genau Humor ist, ich kann nur sagen, was ich lustig finde. Ich habe zum Beispiel keine Ahnung, warum ich Loriots berühmten Satz: »Nein, sagen Sie noch nichts«, aus dem Sketch »Die Nudel« irgendwie nicht lustig finde, ich mich hingegen über den ebenfalls aus einem Loriot-Sketch stammenden Satz »Das Bild hängt schief ...« totlachen kann.

Man kann einen Witz nicht sezieren und seine Einzelteile für einen neuen Witz zusammenbauen. Das heißt, machen kann man das natürlich schon, nur wird es nach dem Baukastenprinzip meist nicht lustig. Wobei es natürlich auch die Form der »verfehlten Pointe« gibt. Insbesondere General-Zitzewitz-Witze eignen sich hierfür großartig. Einer meiner Lieblingswitze aus dieser Kategorie ist:

Der Ordonnanzoffizier nähert sich vorsichtig General Zitzewitz und merkt an: »Mit Verlaub, Herr General, Herr General sitzen verkehrt herum im Sattel!« Darauf herrscht General Zitzewitz den Ordonnanzoffizier an: »SO'N QUATSCH, MANN! SIE WISSEN JA GAR NICHT, WO ICH HINREITEN WILL!«

Der in meinen Augen genialste deutsche Komiker heißt zweifelsohne Loriot und macht aus den Einzelteilen eines Witzes eine ganze Salve an Pointen: »Ich heiße ... na! Erwin. Und in 66 Jahren fahre ich nach Island und da mache ich einen Gewinn von 500 000 D-Mark, und im Herbst eröffnet dann der Papst mit meiner Tochter eine Herren-Boutique in Wuppertal.« Darauf muss man erst einmal kommen.

Mitte der neunziger Jahre lebte ich, wie erwähnt, in Braunschweig. Gewohnt habe ich in der Böcklinstraße im Malerviertel, ich war in dieser Zeit Single oder lebte in einer Fernbeziehung. Ich hatte also abends viel Zeit, wenn nicht gerade eine Theateraufführung anstand. In der Nähe meiner Wohnung gab es eine Sauna, die ich regelmäßig besuchte – meistens montags, wenn spielfrei war. Ich bin dort sehr oft mit der immer gleichen Gruppe gesessen und habe geschwitzt. Das war eine Männergruppe, die sich ständig Witze erzählte. Ich habe immer oben links gesessen und oft mitgelacht.

Irgendwann sagte einer von ihnen: »Kommen Se mal runter da, erzählen Sie doch auch mal einen!« Also habe ich ein paar rausgehauen. So wurde ich Teil der Saunaclique.

Diese Gruppe bestand aus den unterschiedlichsten Männern nebst Gattinnen: Ein Oberstaatsanwalt und ein Chefanästhesist waren dabei, ebenso ein hoher Regierungsbeamter und ein Autohändler. Zu den meisten habe ich heute keinen Kontakt mehr, der damalige Autohändler aber ist zu meinem engsten Freund geworden und wurde später auch mein Trauzeuge. Und das, weil wir bis heute gemeinsam lachen können.

Durch nichts kann man besser erfahren, ob man auf der gleichen Wellenlänge liegt, wie durch einen Witz. Und das gilt nicht nur für den Freund, den guten Freund, nein, das gilt auch für die Beziehung zwischen Männlein und Weiblein. Sagen Frauen nicht immer: »Schön muss er gar nicht sein, aber Humor muss er haben«? Was die Frau mit Humor meint, ist klar: *ihren* Humor. Sie will, dass er mit ihr auf einer Wellenlänge liegt.

Es gibt seit Anfang 2017 diesen Präsidenten in einem großen, westlichen Land, von dem ich nicht will, dass sein Name in meinem Buch auftaucht. Den Grund dafür könnte man in einer ganz simplen Formel zusammenfassen: Dieser Mann hat null Humor. Und in diesem Fall kann man auch nicht darüber streiten – er hat einfach keinen. Punkt. Stellen Sie sich vor, wie jemand in seiner Gegenwart einen Präsidentenwitz erzählt, meinetwegen auch nur einen ganz, ganz harmlosen, so etwas wie:

»Wie viele Präsidentenberater braucht es, um eine Glühbirne zu wechseln? – Keine. Berater sind dazu da, den Präsidenten im Dunkeln zu lassen.«

Das ist echt brav und geht ja nicht einmal direkt gegen den Präsidenten. Aber ich bin sicher, der, der momentan im Weißen Haus sein Unwesen treibt, würde das schon als persönliche Beleidigung auffassen.

Wobei ich als englischer Sportsmann eigentlich sagen müsste: Jeder hat eine faire Chance verdient. Den 11. August hat das Land, von dem ich spreche, nämlich zum »Nationalen Tag des Präsidialwitzes« ernannt. Anlass war ein Präsident aus den achtziger Jahren, übrigens ein ehemaliger Kollege von mir, nämlich ein früherer Westernheld. Er sollte damals eigentlich nur das Mikrophon testen, als er bei einem Radiosender zu Besuch war. Sein Testlauf hörte sich in etwa so an: »Ich freue mich, Ihnen mitteilen zu können, dass ich heute ein Gesetz unterzeichnet habe, das Russland zu einem vogelfreien Land macht. Die Bombardierung beginnt in fünf Minuten.«

Der Witz kam an – der Sender war nämlich schon live drauf. Manche fanden ihn gut. Manche nicht. So ist das eben. Wer weiß, vielleicht haut der aktuelle Präsident am nächsten 11. August ja auch einen raus. Zur Abwechslung mal einen absichtlichen.

Hier nun ein paar Albernheiten von mir – man sehe es mir nach.

PFT-T- T- T- T- T- T- T- T- T- T- T- T- T- T- T-
PFT PFT PFT PFT PFT PFT PFT PFT PFT PFT PFT
(alte Rasensprenger-Weisheit)

»Ich habe nie verstanden, warum man beim Biathlon Zweiter wird. Der Zweite hat doch auch immer ein Gewehr dabei.«

»Vom Finanzamt einen Brief bekommen. Steht ›Letzte Mahnung‹ drauf. Die machen wohl zu.«

»Der Apfel schmeckt nach Eistee.« (Kevin, 19, isst einen Pfirsich.)

»Holidays in Amsterdam: Have sex and get stoned. Holidays in Saudi-Arabia: Have sex and get stoned.«

Das sind Fast-Food-Witze, denn man kann sie überall konsumieren (außer vielleicht in Saudi-Arabien). Sie sind kurz und prägnant, man hat ein bisschen was zum Kauen, aber nicht zu viel, sie sind schnell weitererzählbar, auch international. Ich verschicke solche Witze per Handy gerne an Freunde. Denn ich finde, der Alltag muss regelmäßig aufgelockert werden. Vor allem in Zeiten, in denen schlechte Witze die Welt regieren.

Doch es gibt natürlich Witze, die viel mehr über ein einzelnes Land aussagen und darüber, wie seine Menschen ticken:

»Da fragt der mich, ob ich tolerant bin (...). Ich frage ihn, was heißt denn das? Das ist ja gar kein deutsches Wort. Was heißt denn Toleranz? Das kommt aus dem Lateinischen *tolerare* und bedeutet so viel wie aushalten, ertragen! Das bedeutet: Wenn früher, im Mittelalter oder bei den alten Römern, wenn da einer (macht Knackgeräusche, lacht), wenn da einer gefoltert wurde, dann war der tolerant.«

Dieser Auszug stammt aus einem Bühnenprogramm von Gerhard Polt, dem Kabarettriesen vom Schliersee und vielleicht bedeutendsten bayerischen Satiriker seit Karl Valentin. Dieser süddeutsche Humor, wenn es diesen denn wirklich gibt, steht mir näher als der norddeutsche. Er kann schwarz und bisweilen auch ein wenig derb sein, so wie der englische. Natürlich hat der Friese Otto Waalkes seine Daseinsberechtigung, sonst wäre er nicht über Jahrzehnte so erfolgreich gewesen; es gibt Gags von ihm (»Ohr an Großhirn, Ohr an Großhirn«), die haben wir damals auf dem Pausenhof prustend nacherzählt, selbst meine Kinder kennen noch einige – das ist schon eine enorme Leistung. Aber Polt ist näher am Leben. Er bildet eigentlich nur beobachtete Menschen ab. Er wiederholt Szenen auf der Bühne, die er im Alltag gesehen hat. So hält er der Gesellschaft einen Spiegel vor. Das Faszinierende daran ist, dass die Gesellschaft mitlacht. Und das sagt in meinen Augen etwas Positives über diese Gesellschaft aus. Zumindest über eine große Mehrheit darin.

Jene intolerante Person bemerkt in Polts Stück auch noch: »Mein Nachbar sagt: Die Ausländer, das ganze Gschwerl, ich kann's nimmer sehen! Das ist nicht meine Meinung, aber ich toleriere, was er sagt.« 17 Jahre nach dem Erscheinen der CD, die diesen Sketch enthält, wird die Frage, wie viel Toleranz unser Land verträgt, offenbar zu einer veritablen Zerreißprobe. Satire ist dem wahren Leben manchmal voraus.

Einer der tiefsinnigsten Texte von Gerhard Polt ist und

bleibt natürlich: »D'Anni sagt, also sie sagt, weil, wenn ihr Mann länger g'lebt hätt! sagt sie, dann tät sie heut' a höhere Rente kriegen! Aber so, sagt sie, macht's ihr auch nix aus!« Der Humor als Spiegelbild der Gesellschaft, das hat in Deutschland schon immer funktioniert. Heinz Erhardt, der größte Komiker der fünfziger Jahre, hat die Deutschen nie provoziert, er hat ihnen nie weh getan mit seinen Gedichten über den Sauerampfer oder die Zitronen, die sauer wurden. Wenn er seinem Publikum einmal ein etwas dreckigeres »Ho, ho, ho«-Lachen entlocken wollte, war das höchste der Gefühle ein fremdgehender Mann, der die Dame des Hauses fragt: »Gatte ging?«, und sie antwortet: »Geschäftsreise. Guxhafen (sic!).« – »Gib Gas!« War das der damalige G-Punkt des deutschen Humors?

Der größte Rest deutschen Humors bestand seinerzeit aus Blondinenwitzen sowie aus Späßen über Ostfriesen, Bayern oder Berliner. Witze sollen auf diese Weise wohl das Zusammengehörigkeitsgefühl stärken.

Man kann es Heinz Erhardt gar nicht vorwerfen, dass er nicht bissig, sondern einfach nur nett war. Die Zeit wollte es so in Deutschland. In jener Zeit war Humor nicht dazu da, Dampf abzulassen. Was freilich dazu führte, dass irgendwann ein ziemlicher Druck auf dem Kessel lag. *German Angst* ist in England seit jeher ein feststehender Begriff. Wohingegen ich einmal einen Witz über die Deutschen gehört habe: »Have you heard about the shortest history book ever? It's called: History of German humour.«

Ich wage zu behaupten, dass die Engländer maßgeblich mitgeholfen haben, diesen Druck im Kessel abzubauen. Wer weiß, vielleicht ist Humor ja das bedeutendste Exportgut der Engländer nach Deutschland überhaupt. Zumindest fällt mir spontan nichts ein, was bedeutsamer gewesen wäre. Außer vielleicht den Beatles, aber die waren eigentlich auch sehr witzige Zeitgenossen.

Was haben die Deutschen nicht alles übernommen, was sie vorher selbst nicht hatten? Angefangen bei Nonsens-Sendungen wie »Benny Hill«, die später von Künstlern wie Dieter Hallervorden erfolgreich eingedeutscht wurden. Über Monty Python, deren synchronisierte Filme »Leben des Brian« oder »Ritter der Kokosnuss« der damals jungen Generation erst beibrachten, was Absurdität und Understatement in der Unterhaltung bedeuten. Oder später der Fremdschäm-Humor von »The Office«, das um drei Jahre zeitversetzt in Deutschland als »Stromberg« große Erfolge feierte.

Der preußische Ernst ging dadurch verloren, aber es gab in Deutschland noch lange diese andere, historisch determinierte Humorgrenze, die man selbst nicht überwinden konnte. Da wird der Humor ganz schnell zu einem ernsten Thema. Dieser Ernst erfährt seine ultimative Zuspitzung in einem einzigen Wort:

»Wie lautet der kürzeste deutsche Witz? Auschwitz.«

Gesagt hat das der Dramatiker und Schauspieler George Tabori, ein Mann, der seinen Vater in Auschwitz verloren hatte. Es war als schwarzer Humor gemeint. Und es wäre unmöglich gewesen, dass der Nachkomme eines Nazis diese Bemerkung als Erster macht. Ich selbst bin immer noch sprachlos, wenn ich dieses Statement lese, und ferner bin ich mir sicher, Tabori meinte es natürlich nicht komisch! Ich könnte mir vorstellen, er meinte damit die »Ironie des Schicksals«.

Nebenbei bemerkt, haben sich die Deutschen ja auch der Kultur des jüdischen Witzes an sich beraubt, der oft sehr selbstironisch ist. Die Frage, ob ein Deutscher den Witz erzählen darf, finde ich sehr schwer zu beantworten. Es kommt immer darauf an, ob der Zuhörer darüber lachen kann oder ob es ihn verletzt (oder die dritte Möglichkeit: dass er sich stellvertretend für die betroffene Minderheit empört). Es ist ja auch so, dass sich Schwarze in den USA untereinander durchaus mal »Nigger« nennen, was aber noch lange kein Grund sein darf, es als Weißer auch zu tun.

Mittlerweile hat der Deutsche gelernt, wo die Grenzen liegen und liegen müssen, und ich meine damit keine *political correctness* – das ist ein ganz anderes, gar nicht mal so deutsches Thema. Nein, der Deutsche ist einfach viel lockerer geworden im Umgang mit sich selbst. Bestes Indiz dafür ist, dass er gut über sich selbst lachen kann. Bewiesen hat er das beispielsweise mit der Entsendung von Guildo Horn zum Grand Prix 1998. Europa dankte den Deutschen diese Albernheit immerhin mit einem 7. Platz.

Auch der Umgang mit der eigenen Geschichte hat sich verändert. Auch hier gilt: Humor ist etwas höchst Privates, es muss einem nicht gefallen; aber dass es zum Beispiel einen Adolf Hitler gab, der in »Samstagnacht« bei RTL saß, dumm dreinblickte und dumm daherredete; und dass das Buch *Er ist wieder da* publiziert wurde, und zwar erfolgreich, das alles ist Fakt.

Es gibt übrigens auch Witze über Minderheiten, die ich gut finde – über Nazis. Einer meiner liebsten geht so:

»Warum sind Neonazis so schlechte DJs? Weil sie nicht '33 von '45 unterscheiden können.«

Politik und Religion in Verbindung mit Humor, das gibt fast immer Ärger. Es ist eigentlich unglaublich, womit Monty

Python durchgekommen ist: Da hängt ein Mann namens Brian an einem Kreuz und pfeift ein Lied darüber, dass man die schönen Dinge des Lebens betrachten soll. Ich finde, die Engländer dürfen stolz sein auf diese Offenheit im Umgang mit der eigenen Kultur und der geistigen Herkunft.

Umgekehrt haben auch die immer lockerer werdenden Deutschen schnell erfahren, wie es ist, wenn man mit Blödeleien über das Ziel hinausschießt. Reingeritten hatte sie 1987 allerdings ein Holländer: Rudi Carrell. Er erlaubte sich in seiner »Tagesshow« einen Scherz über den iranischen Revolutionsführer Ayatollah Khomeini. Er sei zum Jahrestag der Revolution mit Geschenken beworfen worden, erzählte Carrell. Dann war Khomeini zu sehen, und unmittelbar danach zwei Männerhände, die mit Damenunterwäsche herumfummeln. Der Iran zog am nächsten Tag seine Diplomaten vorübergehend ab, das Goethe-Institut in Teheran wurde für Jahrzehnte geschlossen. Und das alles wegen eines 14-Sekunden-Gags.

Es ist schon ein Kreuz mit diesem Humor, eine verzwickte Sache. Als Wanderer zwischen den Welten fühle ich mich stark zu ihm hingezogen, denn er testet überall Grenzen aus. Manchmal ist es gut, sie zu überschreiten, manchmal wünscht man sich, man hätte es bleiben lassen. Es gibt kein ultimatives Rezept. Im Zweifel würde ich vielleicht gar keine Witze reißen.

Wie auch immer man sich entscheidet, als Schauspieler kenne ich zumindest die zugrundeliegende Technik. Das kennt ja jeder: Einer erzählt einen Witz – und keiner lacht. Ein anderer erzählt den gleichen Witz, und die Zuhörer schmeißen sich auf den Boden. Was hat da den Unterschied ausgemacht?

Am wichtigsten ist beim Erzählen das Timing. Ein Umstand, der nicht nur für das Witzigsein gilt, sondern für jegliche Darstellung von Sprache und Körpersprache. Die Komödie, die Kunst, Menschen zuverlässig zum Lachen zu bringen, gilt dabei allerdings als die schwerste Form. Am wichtigsten beim Timing sind die Pausen, die man setzt. Sie helfen, Spannung aufzubauen, sie ermöglichen einen angenehmen Erzählrhythmus, und sie helfen dem Zuhörer dabei, selbst mitdenken zu können und zwischen den Zeilen zu lesen. Das richtige Timing kann aus einem guten Witz einen sehr guten machen und beim Film aus einer mittelmäßigen Szene eine gute.

In »SOKO Stuttgart« habe ich neulich einmal den Besitzer eines Grillmarktes gespielt, eine kleine Rolle, die ich aber sehr gerne annahm, weil ich unbedingt einmal mit dem Regisseur zusammenarbeiten wollte. Beim Lesen des Skripts fand ich die Figur allerdings ein wenig eindimensional, und ich überlegte mir, wie ich das ändern könnte. Dann hatte ich die alberne Idee, dass ich den Grillbudenbesitzer doch stottern lassen könnte. Das ist natürlich gefährlich, so etwas darf auf keinen Fall ins Klischee abrutschen. Wir haben es einfach mal ausprobiert.

Als der Regisseur dann die Abnahme vor der Redaktion hatte, schrieb er mir eine lange SMS. »Deine Rolleninterpretation hat für Lachsalven gesorgt«, hieß es darin, und weiter: »Du solltest mehr Komödien machen, das Gespür für Timing ist sehr selten hierzulande. Aber du bist ja auch Engländer.« Ich empfand das als ein unglaubliches Kompliment. Und wer weiß, vielleicht habe ich ja Glück, und eines Tages kommt ein Produzent oder Sender auf mich zu und fragt: »Haben Sie Lust auf eine gute Komödie?« Ich würde sicher nicht fragen: »Ist das ein Scherz?«

Von Kleidern, Liegen und anderen Lappalien

Deutsche und britische Spaßverderber

Urlaub in einem Kinderhotel auf Lanzarote kann ganz schön ermüdend sein. Die beiden Töchter und ich hatten damals viel Spaß, keine Frage, auch das Wetter war zuverlässig schön. Eigentlich war also alles bestens. Aber jeden Morgen um sechs Uhr aufstehen, noch früher als zu Hause – das hätte ich mir gerne erspart.

Am ersten Morgen dachten wir noch, wir könnten erst einmal in Ruhe frühstücken, und danach, so gegen halb zehn vielleicht, zum Pool gehen. Wenn man aber um halb zehn dort ankommt, sind die ersten fünf Reihen an Liegestühlen schon vergeben. Und kurze Zeit später gibt es überhaupt keine Liegen nebeneinander mehr.

Das kann doch nicht sein, dachte ich mir. Also stand ich am nächsten Tag um acht Uhr auf. Und merkte, dass auch das viel zu spät war. Am vierten Tag war ich dann so weit, dass ich um sechs Uhr aufstand, beladen mit Handtüchern, Büchern, englischen Zeitungen (englisch deshalb, weil ich fand, dass der *Guardian* für potentielle Platzwegnehmer bestimmt Seriosität verströmt; außerdem wird eine englische Zeitung nicht geklaut), einem aufblasbaren Delphin und einem Schwimmrei-

175

fen. Das alles legte ich in der ersten Reihe quer über fünf Liegen – obwohl wir eigentlich nur drei benötigten, aber man muss Verhandlungsmasse haben, wenn es hart auf hart kommt. Als ich meine als Freizeitutensilien getarnten Markierungsobjekte ablegte und zurück zum Appartment ging, war ich euphorisch: Sieg! Früher als ich war keiner! Das nächste Mal, erwog ich, besetze ich zehn Liegen und vermiete die Hälfte unter ...

Vielleicht sind die Deutschen ja deshalb so fleißige Frühaufsteher: Sie wollen einfach immer die Ersten sein, wenn es darum geht, einen Platz an der Sonne zu bekommen (was bei den Kolonien – zum Glück! – nicht geklappt hat). Dadurch nötigt der deutsche Frühaufsteher aber andere Menschen, ebenfalls früh aufzustehen, selbst so gemütliche Halbengländer wie mich zieht dieser Teufelskreis in seinen Bann.

Dafür stand ich dann mittags an der Poolbar und gähnte laut. Ich stand neben einem anderen Vater, der ebenfalls gähnen musste, und wir lachten. Unsere Kinder hatten sich inzwischen angefreundet und spielten ausgelassen miteinander. Der andere Vater ließ eine Bemerkung fallen, dass er wegen der Liegenproblematik immer so früh aufstehen musste. Und wir fragten uns: Ist dieses Wettrennen tatsächlich so erstrebenswert? Wäre es nicht für alle besser, mal ordentlich auszuschlafen, zumal im Urlaub? Wirkt ein guter, ausreichender Schlaf nicht erwiesenermaßen lebensverlängernd?

Im selben Augenblick kamen unsere Kinder angeflitzt und wollten unbedingt zusammen Eis essen. Also schlossen wir an diesem Tag feierlich den »Vanilleeis-Pakt«, nämlich uns fortan mit dem »Liegen besetzen« abzuwechseln, so dass immer einer von uns ausschlafen konnte.

Anders als Liegenbesetzungen sind Warteschlangen eine urbritische Qualität. Wer je empörte Blicke auf sich zog, wenn er sich an den wartenden Massen vorbei in London in einen Bus drängelte, weiß das. Freilich haben die Deutschen in dieser Hinsicht mächtig aufgeholt. Zwar ertappt man sich selbst hin und wieder dabei, ausflippen zu wollen, weil die Kassiererin »Storno« ins Mikrophon ruft, aber heutzutage stehen wir doch mit großer Gelassenheit bei allen möglichen Gelegenheiten an.

Ich muss immer wieder an eine Geschichte am Flughafen in Málaga denken. Wenn ich sie nicht selbst erlebt hätte, könnte Gerhard Polt sie geschrieben haben. Ich stand im letzten Drittel der Schlange. Vor mir trippelte ein zu Tode genervter Fluggast, der sich permanent genötigt fühlte, alles und jeden um ihn herum nörgelnd zu kritisieren. Plötzlich kam ein chinesisches Ehepaar mit Koffern und ging direkt zum Schalter vor. Da rief der Mann lauthals: »Hinten anstellen! Verdammt! Halloo? Hinten anstellen!« Weil die Chinesen nicht reagierten, brüllte er unvermittelt: »SPRECHEN SIE ÜBERHAUPT DEUTSCH? Nicht, gell? Aber mitfliegen!«

Als daraufhin zwei nette junge Männer in Uniform zu dem Herrn kamen und fragten, weshalb er hier so herumbrülle, machte der Mann erneut seinem Unmut Luft. Das führte allerdings am Ende dazu, dass sie ihn mitsamt seinem Gepäck zu einer ausführlichen Kontrolle mitnahmen. Wir saßen alle bereits in der Maschine und warteten, als der renitente Fluggast mit hochrotem Kopf schnaufend die Maschine betrat. Die Stewardess lächelte: »Guten Morgen, herzlich willkommen an Bord.« Worauf er nur knapp zischte: »Endlich muss ich nicht mehr *Hola* sagen!«

Nach wie vor gibt es in Deutschland aber mehr Orte als in England, an denen sich aus irgendeinem Grund keine richtige Schlange bilden will, etwa beim Einstieg in die U-Bahn oder vorm Stadioneingang. Da herrscht manchmal pure Anarchie. Vermutlich trauen sich die Menschen das dort deshalb, weil sie denken, ihr Vergehen gehe in der anonymen Masse unter. Aber ich habe diesen Zwang, sich immer und überall vorzudrängeln, nie verstanden. Klar, wenn ich einen vollen Einkaufswagen auf das Kassierband lege und irgendein Mensch, egal wie alt, kommt mit zwei, drei Teilen vorbei, lasse ich ihm gerne den Vortritt. Frei nach dem Motto: »Du kannst von mir das letzte Hemd haben, aber du musst warten, bis ich es dir schenke.«

Eine andere Alltagsbeobachtung finde ich noch viel beachtlicher: Sosehr der Deutsche oft auf seine inneren Werte achtet, sosehr vermeidet er es, manchmal einfach nur gut auszusehen – wenigstens zu besonderen Anlässen. Kleidung in Deutschland ist viel zu oft praktisch und geographisch irgendwie eingeklemmt zwischen südeuropäischer Eleganz und nordeuropäischem Bekleidungs-Understatement, wonach man bloß nicht negativ auffallen möchte.

Eines sei vorweg gesagt: Gammeln im Schlabberlook stellt auch für mich ein unveräußerliches Menschenrecht dar. Und es muss auch erlaubt sein, auch mal kurz mit der Jogginghose zum Supermarkt zu gehen, um Milch zu kaufen, dafür muss man sich nicht aufbrezeln. Und im Urlaub am Strand werde ich gerne zum legeren Flip-Flopper im Beachlook – egal ob als Engländer oder Deutscher, die schenken sich da nichts.

Das Einzige, was nicht fehlen darf, und das ist so gar nicht englisch an mir, ist das Basecap! Ich habe, was das betrifft, ei-

nen richtigen Spleen: Ich sammle sie. Ich habe bestimmt fünfzig davon, und mit jeder verbindet mich eine persönliche Geschichte. Ich muss mich oft zwingen, nicht alle in einem extra
Koffer mitzunehmen. Inzwischen bin ich aber recht gut darin,
mich auf drei bis fünf zu reduzieren. Teils für den Sonnen-
schutz, teils helfen sie, nicht sofort erkannt zu werden. Ich
bitte, nicht missverstanden zu werden: Ich freue mich, wenn
mich jemand höflich um ein Autogramm oder Selfie bittet.
Das ist für mich eine Selbstverständlichkeit. Aber was ich ab-
grundtief hasse, weil ich es als extrem übergriffig empfinde,
ist, einfach so aus der Ferne fotografiert zu werden, womöglich noch in einer unvorteilhaften Aktion, wie beispielsweise
während der Mittagspause beim Essen. Wir sind doch nicht im
Zoo!

Ich trage oft genug Anzüge und bin deshalb froh, wenn ich
das alles einmal nicht anziehen muss. Zu einem Grillabend
reicht natürlich ein simples Hemd, und wenn es abends kühl
ist, nimmt man eine dünne Jacke mit. Und ich bin kein großer
Faschingsfan. Ich bin das ganze Jahr über schon verkleidet
– als Arzt, als Kommissar, als Nazi oder Verbrecher –, da
nehme ich die »fünfte Jahreszeit« gerne wahr, um antizyklisch
vorzugehen und mich so normal wie möglich zu kleiden. Wenn
ich allerdings eine Einladung erhalte und gebeten werde, in einem bestimmten Outfit zu kommen, dann tue ich das natürlich, schon aus Respekt gegenüber dem Gastgeber. Vielen
Deutschen scheint da oft ein Zacken aus der Krone zu brechen,
besonders auf Partys.

Es ist noch nicht lange her, da lud mich eine Freundin im
Botanikum in Berlin zu einer Zwanziger-Jahre-Party ein – es
gab ja kürzlich so eine Burlesque-Welle: Swing, Charleston, al-

les wunderbar dekoriert, man hatte sich richtig viel Mühe gegeben. Logisch, nicht jeder hat einen Smoking im Schrank hängen, und man muss sicher nicht gleich im perfekten Gatsby-Kostüm einlaufen. Aber richtig authentisch wird diese Feier doch erst, wenn alle Gäste ein wenig mitmachen und zumindest die Jeans und die grellen Sneakers weglassen. Wenn mir solch eine Vorgabe nicht passt, bleibe ich einem solchen Fest einfach fern. Doch ein Dresscode in Deutschland wird leider ungefähr so ernst genommen wie eine rote Fußgängerampel in London.

Vielleicht ist das eine historisch gewachsene deutsche Abneigung gegen alles Uniforme. Viele Kleidungsstücke haben eine militärische Vorgeschichte, zum Beispiel die Krawatte, die auf kroatische Söldner zurückgeht (*à la cravate*: französich für »nach kroatischer Art«). Insofern wäre das Nichttragen ein Ausdruck des Nonkonformismus gegenüber einer als spießig verstandenen Etikette oder einem wie auch immer gearteten Establishment.

Es gibt interessante Stilbrüche, die man aber bestimmt nicht mit Markenkleidung oder zerrissenen T-Shirts erzielt, sondern dann, wenn zum Beispiel Marlene Dietrich eine Krawatte anzieht. Wenn Angus Young von AC/DC eine Schuluniform trägt, während er mit seiner Gitarre böse Dinge anstellt. Und ja, auch dann, wenn der Umweltminister eines Bundeslandes bei seiner Vereidigung Turnschuhe trägt – anno 1985 ein genial-provokanter Schachzug von Joschka Fischer. (Die Schuhe stehen heute übrigens in einem Museum in Offenbach.)

Den Bogen hoffnungslos überspannt in Sachen Kostümierung hatte natürlich mal wieder ein Engländer – genaugenommen ein englischer Prinz im Jahr 2005, als er mit Hakenkreuz-Armbinde und im Kostüm des Afrika-Korps von Generalfeldmarschall Rommel zu einer Kostümparty erschien – und dann auch noch so ungeschickt war, sich in diesem Aufzug fotografieren zu lassen. Damals forderten Klatschreporter, Prinz Harry dürfe nach diesem Eklat niemals zu einer britischen Militärausbildung zugelassen werden. Doch sie haben ihm verziehen. Harry machte nach dem Vorfall rein klamottenmäßig wieder voll auf englisches Understatement. Mittlerweile hat er den Rang eines Captains bei der Royal Air Force.

Ich persönlich brauche keine Provokationen mehr. Das höchste der lässigen Gefühle ist es für mich, wenn ich mit einem modischen Sweater in einer Spielshow sitze. Doch für große Events schmeiße ich mich wahnsinnig gern in Schale, auch wenn dem Mann da leider weniger Möglichkeiten gegeben sind als der Frau. Eine schöne Uhr, Manschettenknöpfe, vielleicht eine Fliege, und, wenn es passt, auch mal ein Einstecktuch – immerhin.

Nicht dasselbe wie Fasching, obwohl ähnlich alkohollastig, ist für mich das größte Münchner Event des Jahres: das Oktoberfest. Hier ist die Lederhose – oder »Krachlederne«, wie man in Bayern sagt – für mich ein absolutes Muss, weil das für mich eben nichts mit Kostümierung zu tun hat, sondern mit Brauchtum. Drei Stück habe ich im Schrank. Umgekehrt überlege ich mir schon seit langem, endlich einmal einen Kilt in den Farben des Clans unserer schottischen Vorfahren schneidern zu lassen: Grün mit Bordeauxrot, ein bisschen Weiß und einem Gelbton mit drin, insgesamt ziemlich farbenfroh. Aber sicherlich nichts, was man morgens in der S-Bahn auf dem Weg zur Arbeit anziehen würde.

Es gibt eine typisch deutsche Tradition, bei der es lange dauerte, bis ich ausreichend konditioniert war: das Tragen von Hausschuhen. Sobald Deutsche ihre Wohnung betreten, stülpen sie sich diese Dinger über die Füße. Aus Stoff, aus Filz oder Leder – ganz egal, Hauptsache, die Haxen sind eingepackt. Die ganz Militanten unter den Hausschuhfetischisten nötigen selbst ihre Besucher in diese mäßig vorteilhaft aussehende Fußbekleidung. Ich konnte mir jahrelang nicht erschließen, warum die Deutschen so vernarrt sind in ihre Pantoffeln. Weil sie bequem sind? Weil sie auf diese Weise Haus oder Wohnung sauber halten?

Irgendwann habe auch ich mich mit ihnen abgefunden und gemerkt, dass sie einfach praktisch sind. Besonders dann, wenn zu Hause mal wieder durchgelüftet wird. Das geschieht in Deutschland ja häufig. Natürlich, auch in England werden Fenster geöffnet, um ein bisschen frische Luft hereinzulassen. Aber nur hin und wieder eben. So militant, wie das in Deutschland geschieht, habe ich es nirgendwo anders erlebt. Höchstens noch in Südkorea. Dort glauben die Leute an den sogenannten Ventilatorentod. Demnach stirbt man, wenn man in einem Raum mit einem laufenden Ventilator übernachtet. Denn dieser würde den Sauerstoff verbrauchen, heißt es.

Manche Deutsche scheinen unter ähnlichen Angstzuständen zu leiden. Einige vermutlich so sehr, dass sie fürchten, zu ersticken, wenn sie nicht oft genug Sauerstoff in die eigenen vier Wände strömen lassen. In der Theorie gibt es sogar ein englisches Wort für den Begriff Stoßlüftung: *inrush airing*. Ich habe das in England aber noch nie jemanden wirklich sagen hören.

Natürlich gibt es auch die wohltemperierte, abgeschwächte

Variante: das Kippfenster. Der schmale Spalt garantiert Sommer wie Winter die überlebensnotwendige Sauerstoffgrundversorgung, ohne Rücksicht auf die Heizkostenrechnung. Oder darauf, dass ein Schiebefenster viel platzsparender wäre. Ist ja egal, wir haben Hausschuhe.

In Sachen Lederhose und Hausschuhe sind Deutsche und Briten also eher unterschiedlich. Auf anderem Terrain können sie sich bedenkenlos die Hand reichen. Etwa beim Talent, im Urlaub wirklich alles zu tun, um negativ aufzufallen. Sie saufen sich am Strand die Hucke voll und grölen unverständliches Zeug, die Bierwampe erstrahlt in Sonnenbrandrot, wahlweise tragen die Herrschaften aber auch T-Shirts, auf denen dann zum Beispiel steht, dass Bier diesen wunderschönen Körper geformt habe. Die einen treiben's am Ballermann auf Deutsch, die andern auf Teneriffa auf Englisch. Beide Spezies fühlen sich im Herzen nordisch, den Wikingern gleich, und so benehmen sie sich auch. Man braucht sich nicht zu wundern, dass weder Deutsche noch Briten an südeuropäischen Stränden allzu viele Fans haben.

Was getan werden muss ...

Engagement

Wie erwähnt: Cowboy zu werden, das hat nicht ganz hinge-
hauen. Aber auch ein Schauspieler muss tun, was ein Schauspieler tun muss. Und das heißt: Nicht immer nur an sich denken. Am Theater habe ich gelernt: Die wichtigste Person ist
nicht der Hauptdarsteller, sondern der Vorhangzieher. Wenn
der seine Arbeit nicht macht, passiert nämlich erst einmal gar
nichts. Ähnliches gilt für Beleuchter oder die Leute im Kas-
senhäuschen. Wenn Menschen ihre Zeit opfern, um dich spielen zu sehen, und dafür auch noch Geld zahlen; wenn sie sozusagen eine Verabredung mit dir eingehen, dann muss man sich
darüber im Klaren sein, wer im Hintergrund alles dafür arbeitet, damit dieses Date mit dem Publikum überhaupt zustande
kommt. Diese Menschen sollte man nie vergessen.

Die Schauspielerei ist ein hartes Geschäft, bei dem schon
mal die Ellenbogen ausgefahren werden. Und wer das tut, der
vergisst leicht, dass es viele andere gibt, denen er dankbar sein
müsste. Überhaupt tendieren Künstler ja gerne dazu, irgendwann abzuheben, wenn sie zu oft im Mittelpunkt des Interes-
ses stehen.

Wenn ich mich mal wieder besinnen, mich erden möchte,

weil ich drohe, abzuheben, dann denke ich an Stefani Jarke. Nach der Schauspielschule in München waren wir zusammen beim Intendanten-Vorsprechen. Das ist eine Art moderner Sklavenmarkt, wo man kurz von Menschen beäugt wird, die dann entscheiden, wohin man kommt. Immerhin, wir alle sind irgendwo untergekommen. Und Stefani kam vom Fleck weg zu den renommierten Münchner Kammerspielen.

Zunächst dachte ich mir: Aha ...! Ich war ein bisschen neidisch – warum jetzt sie und ich nicht? Später fühlte ich mich für diese Gedanken ziemlich schäbig. Denn Stefani, eines der größten Talente, die ich kennenlernen durfte, starb im Alter von nur dreißig Jahren. Gegen Ende ihrer viel zu kurzen Karriere spielte sie noch mit großer Passion die Cordelia in *König Lear* und starb dabei als Königstochter Dutzende Male auf der Bühne. Dann verlor sie den Kampf gegen den Krebs.

Ich habe beim Universum und beim lieben Gott um Verzeihung gebeten. Vielleicht war ihr dieser rasante Erfolg, den sie auf der Bühne hatte, nur deshalb vergönnt, weil sie so wenig Zeit auf diesem Planeten bekommen hatte. Bescheiden bleiben und versuchen, seinen Job gut zu machen – das ist meine Lehre aus diesem tragischen Tod. Das ist man vor allem jenen schuldig, die weniger oder gar keine Chancen bekommen haben, ihrem Traum zu folgen.

Wenn man in dieser Branche nicht die Fähigkeit besitzt, immer wieder Bescheidenheit walten zu lassen, dann wird man irgendwann fortgespült von Eitelkeiten. Abgesehen davon, dass diese Eitelkeiten dein Schauspiel nicht besser machen. Wer glaubt, er ist der Tollste, wird irgendwann aufhören, hart an sich zu arbeiten. Und spätestens dann wird er ganz schnell nicht mehr der Tollste sein.

Wir leben in einer Zeit, in der flache Hierarchien am Arbeitsplatz möglich sind. Man muss sich von den Arbeitern im Team nicht mehr abkoppeln, das ist nicht mehr zeitgemäß. Der Athen-Krimi war der erste Fernsehfilm, in dem ich auch als Produzent auftrat. Wir haben damals 600 Übernachtungen im Athener Interconti-Hotel gezahlt. Ich mag keine Zweiklassengesellschaften. Entweder sind wir ein Team oder wir sind es nicht. Es macht mir übrigens auch großen Spaß, nach einem langen Drehtag mit den Beleuchtern noch eine Runde Poker zu spielen – Texas hold 'em und eine Flasche Bier. Manchmal sind das sogar die besten Abende.

Der nächste logische Schritt ist, dass man nicht nur in seinem Beruf darauf achtet, bodenständig zu bleiben, sondern sich auch einen Blick auf die Missstände in der Welt bewahrt. Denn die Verantwortung für einen Menschen, der in der Öffentlichkeit steht, geht weit über das berufliche Engagement hinaus. Wir sind vielleicht diejenigen, die am deutlichsten auf die Probleme hinweisen können, ohne Parteibrille und ohne wirtschaftliche Interessen. So gesehen, ist der Künstler fast gezwungenermaßen eine moralische Instanz in der Gesellschaft.

Zu nennen sind da Karlheinz Böhm, der die Stiftung »Menschen für Menschen« ins Leben rief. Aber auch Bob Geldof und seine Live-Aid-Konzerte. Oder Exfußballprofi Christoph Metzelder, der sich im eigenen Land für bedürftige Kinder starkmacht – um nur ein paar Beispiele zu nennen. Sie alle weisen auf Probleme hin, die sonst viel weniger Aufmerksamkeit bekommen hätten und gegen die man etwas tun kann, wenn sich nur genug Leute dafür einsetzen. Deswegen ist es mir eine Ehre und zugleich meine Pflicht, anderen zu helfen – regional wie international.

Ich sehe mich dabei übrigens in einer angelsächsischen Tradition. Unter reichen oder bekannten Personen in England oder den USA galt es lange als ungeschriebenes Gesetz, bedürftigen Menschen auf nichtstaatlichem Wege zu helfen.

Dass Großspender auch Steuererleichterungen genießen, dass Mäzene Sympathie gut gebrauchen können, damit ihre großen Firmen ein gutes Image haben – geschenkt. Demjenigen, dem geholfen wird, ist der Grund für die Hilfe in den meisten Fällen egal. Wer Leuten, die spenden, Eigennutz vorwirft, vergisst womöglich, dass er selbst ja gerade aufgerufen wurde, etwas zu tun. Es geht schlicht um die Verantwortung und die Vorbildfunktion, die es auszufüllen gilt.

Es ist allerdings auch ziemlich englisch, gar nicht darüber zu reden, an wen man spendet oder für wen man sich einsetzt. Der Klassiker ist der anonyme Telefonspender, der seinen Namen gar nicht in der Öffentlichkeit hören will, weil es ihm in einem Einzelfall wirklich nur um die Sache geht.

Ich möchte hier aber bewusst über einige meiner Engagements reden, um diese oft unbekannten Organisationen bekannter zu machen. Und auch, um zu erzählen, wie schön es ist, wenn man etwas von Menschen zurückbekommt, denen man hilft.

Ein möglicher Weg ist, im Fernsehen Geld zu erspielen und den Betrag dann einer bedürftigen Organisation zukommen zu lassen, wie zum Beispiel beim »Wer wird Millionär?«-Prominentenspecial. Mit der Sendung »Klein gegen Groß« im Ersten habe ich es beispielsweise geschafft, dem Salberghaus in Putzbrunn bei München einen vierstelligen Betrag zukommen zu lassen. Im Salberghaus bekommen schwer misshandelte Kinder (vom Babyalter bis zu Teenagern) ein neues Zuhause.

Das ist für die dort arbeitenden Menschen ein sehr anstrengender Job, das Haus ist nicht staatlich anerkannt und daher ganz besonders auf Spenden angewiesen.

Es fällt oft so unglaublich leicht zu helfen, wenn man das Schöne mit dem Wichtigen verbinden kann. So wie etwa bei der Verleihung der Goldenen Deutschland 2015, eine Veranstaltung zwischen Gala und Spendengala. Dort wurde ich für meine Rolle als Franz Josef Strauß geehrt. Gleichzeitig konnten wir bei dieser Veranstaltung aber auch auf das 60. Jubiläum von SOS-Kinderdorf hinweisen – in einem Rahmen, den diese wichtige Organisation normalerweise nicht bekommt. SOS-Kinderdorf erinnert uns daran, dass es nicht nur in der großen weiten Welt Sorgen und Nöte gibt, sondern auch unmittelbar vor unserer Haustür.

In anderen Fällen geht es um die Hilfe in der unmittelbaren Nachbarschaft, und da kann man dann sowieso nicht anonym bleiben. So habe ich 2010 an einem »Talk am Turm« teilgenommen, einer Diskussionsreihe zum Erhalt des Schwabinger Doms an der Ursulakirche. Die Restaurierung kostete über eine Million Euro, ein Drittel davon musste die Kirchengemeinde selbst zuschießen. Der Eintritt zu den Talks – einen davon hatte übrigens Ottfried Fischer übernommen – ging an die Gemeinde. Und alles, was ich tun musste, war, ein bisschen aus meinem Leben zu erzählen und den Gästen Fragen zu beantworten. Damals sagte ich zum Thema »Gutes tun« in der Öffentlichkeit: »Der Herr wird schon auch Verständnis haben, wenn der Prominente, der dem einen oder anderen Vorbild oder Testimonial ist, dann noch ein Schäufelchen guter Taten draufwirft. Es kann also durchaus wichtig sein.«

Als naturverbundener Mensch liegt mir auch das Schicksal

der Tiere am Herzen. Die Prince Albert Foundation setzt sich für Tiere in den Weltmeeren ein, die ohne Hilfe des Menschen anderen Menschen hilflos ausgeliefert wären. Der Thunfisch zum Beispiel. Albert II. von Monaco hat diese Stiftung ins Leben gerufen, kurz nachdem er das Fürstenamt von seinem verstorbenen Vater Rainier III. übernommen hat. Er setzt sich auch ganz persönlich gegen die Jagd von Walen und Robben ein. Das ist eine Familientradition: Der Fürst tritt damit in die Fußstapfen seines Ururgroßvaters, Albert I., der im frühen 20. Jahrhundert mit Forschungsreisen als einer der Ersten auf Umweltprobleme aufmerksam machte. Es sind solche Menschen, die ich meine, wenn ich von Verantwortung für unsere Welt spreche.

In diesem Fall kann man aber auch schon viel Gutes tun, ohne zu spenden. Ganz einfach, indem man keinen Fisch in viereckigen Aluschachteln kauft, der erstens nicht schmeckt und für den zweitens höchstwahrscheinlich noch viele weitere Tiere ins Netz gegangen sind.

Als ich 18 Jahre alt war, habe ich über meine Mutter Worldvision kennengelernt und wenig später zwei Kinder adoptiert: in Mauretanien und in Indien. Der Vorteil von einer Organisation wie Worldvision ist, dass sie bedürftigen Kindern hilft, ohne sie aus ihrer gewohnten Umgebung zu reißen – die Kinder, an die das Geld geht, kennen meinen Namen auch gar nicht. Sie bekommen durch ihren Paten eine Ausbildung finanziert, was zugleich alle Angehörigen in ihrem Umfeld entlastet. Von dem indischen Jungen habe ich zuletzt gehört, dass er mittlerweile Polizist geworden ist.

An der Münchner SchlaU-Schule, einer langjährigen Einrichtung für Flüchtlingskinder, habe ich vor ein paar Jahren einen Jungen aus Mali kennengelernt. Er war stark traumatisiert, hatte allein auf seiner Flucht Dinge erlebt, die wir uns in Mitteleuropa kaum vorstellen können. Er sprach überhaupt kein Deutsch, als er ankam, doch nach nur einem Jahr konnte man sich schon recht gut mit ihm unterhalten. Da habe ich ihn eines Tages gefragt: »Was willst du denn einmal werden, welchen Beruf möchtest du haben?« Und er sagte mit leuchtenden Augen: »Ich möchte Straßen bauen.«

Das war erst einmal eine überraschende Antwort. Man denkt ja, Flüchtlinge träumen von Milch und Honig, von Reichtum und einem coolen Job, weil doch alle so reich sind im Norden ... Stattdessen wollte er also Bauarbeiter werden. Mir wurde klar, dass der Junge von etwas träumt, was es in seiner Heimat nicht gibt: Straßen. Das muss man sich einfach bewusst machen. Er kommt aus einer Gegend, in der er viele Kilometer zu einer Wasserquelle zurücklegen muss, durch Wüste, Steppe oder Geröll, auf jeden Fall nicht über Asphalt. Zurück geht es dann mit einem Krug auf dem Kopf, und wenn er über den holprigen Boden stolpert, dann geht er eben noch mal zurück.

Dieser Junge hat mir die Augen geöffnet, worauf es eigentlich ankommt im Leben. Ich versuche auch meinen eigenen Kindern zu erklären, dass es Menschen gibt, die nichts zu essen haben und die nicht einfach duschen können, wann sie wollen.

Und ich denke, wir sollten diese handwerklichen Berufe auch in Deutschland wieder viel mehr wertschätzen: den Straßenbauer, den Maler, den Zimmermann. Wir sind ein Land der Akademiker geworden, aber auch ein Land mit vielen arbeitslosen Akademikern. Mehr Respekt vor den vermeintlich niederen Arbeiten wäre vielleicht ein erster Schritt, die Risse in unserer Gesellschaft ein wenig zu kitten.

Zuletzt hat mich eine alte Schulfreundin aus Freising für die Hadassah-Organisation begeistert. In den Krankenhäusern Jerusalems gibt es die sogenannten heilenden Clowns, die einerseits dabei helfen sollen, bei schwerkranken Kindern mit Hilfe der Hormonausschüttung über das Lachen den Heilungsprozess zu unterstützen, und in anderen Fällen unheilbaren Kindern zumindest noch einmal schöne Stunden bescheren sollen. Ich finde die Idee toll, in der ganzen Welt Clowns zu finden und auszubilden.

Sooft ich auch mit Filmteams zu faszinierenden Orten in der Welt gereist bin: Die Armut, die in vielen Ländern herrscht, beschäftigt mich. Wenn man zum Beispiel sieht, wie die Herero in Namibia unterdrückt werden – nicht nur zur deutschen Kolonialzeit, sondern noch heute; wenn man sieht, welches Leid die willkürlichen Grenzziehungen meiner englischen Landsleute angerichtet haben, etwa zwischen Indien und Pakistan, um nur ein Beispiel zu wählen; wenn man in der Zeitung liest, an welche Länder deutsche Firmen ihre Waffen verkaufen – dann sollte jedem klar sein, dass wir als Europäer, als Engländer, als Deutsche und als Individuum Verantwortung für Menschen tragen, die aus ihrer Heimat flüchten müssen.

Die Welt ist im wahrsten Sinne in Bewegung. Wenn wir dazu beitragen wollen, dass sich das wieder ein wenig beruhigt, dann sollten wir dafür sorgen, dass es den Menschen in ihren Heimatländern bessergeht. Dazu kann jeder etwas beitragen. Es bedarf dafür auch nicht mehr Aufwand als jenen, den es braucht, um auf diese armen Menschen zu schimpfen.

Jenseits der Pickelhaube

Leben mit Geschichte

Ich habe meinen britischen Pass immer gerne besessen – einerseits aus Stolz, andererseits aus reinem Pragmatismus. Dank ihm konnte ich nämlich nicht zur Bundeswehr eingezogen werden und hatte nach der Schule schlagartig fünfzehn Monate Karrierevorsprung auf meine Kommilitonen. Und es gab andere Situationen in ebenfalls sehr politischen Zeiten, in denen ich ihn gut gebrauchen konnte. Zum Beispiel bei meiner ersten deutsch-deutschen Grenzerfahrung.

1989 waren wir mit der Otto-Falckenberg-Schule zum ersten internationalen Schauspielschultreffen auf sozialistischem Boden unterwegs – einem Theaterfestival der Jugend in Ostberlin, etwas, worauf wir uns wahnsinnig freuten und was sich anhörte wie ein echtes Abenteuer.

Das Ganze hatte einen monatelangen Vorlauf über Behörden und die Außenministerien. Ich war schon einigermaßen stolz, als ich den Visumstempel in meinem britischen Pass sah: »Genehmigt vom Ministerium für Kultur und Wissenschaft der Deutschen Demokratischen Republik.«

Vom reichen München aus gesehen, war die DDR ja »Dunkeldeutschland«: in jeder Beziehung weit weg, wir hingegen mehr als wohlbehütet. Zwischen meinen englischen Verwandten und mir lag zwar immer der Kanal, aber keine Mauer. Die seltenen Ost-Telefonate, die Briefe und Weihnachtspakete für die im wahrsten Sinne entfernten Verwandten hingegen kannte ich nur aus Erzählungen anderer, da ich selbst keinerlei verwandtschaftliche Beziehungen zum »Bruderstaat« hatte.

Unsere große Reise war für den 20. November 1989 vorgesehen. Dass uns am 9. November 1989 die Geschichte auf so großartige Weise die Tür öffnen würde, war geradezu undenkbar gewesen. Die Montagsdemonstrationen waren seit Monaten immer größer geworden. Wir saßen in meiner WG beinahe täglich vor dem Fernseher, um zu erfahren, was sich »da drüben« zusammenbraute. »Wir sind das Volk!«, riefen die einen todesmutig. Bei uns spottete man: »Wir auch!«

Und dann kam Gorbatschow nach Ostberlin. Erst herrschte überall gespenstische Stille, dann flammten vereinzelt, dann immer mehr und schließlich überall »Gorbi! Gorbi«-Rufe auf.

Die Geschichte wird heute so zitiert, dass Gorbatschow sagte: »Wer zu spät kommt, den bestraft das Leben.« Doch das ist nicht wahr. Das Leben ist oft zu komplex, um es auf so schlichte Sätze herunterzubrechen. Gorbatschows Worte vor der Neuen Wache sind in Bild und Ton belegt und nachprüfbar. Was er in Wahrheit sagte, war: »Ich glaube, Gefahren lauern nur auf jene, die nicht auf das Leben reagieren.« Was für ein Statement.

Die Mauer fiel in meiner Wahrnehmung vor allem durch zwei Halbsätze. Der erste Satz fiel vor laufender Kamera in der Prager Botschaft, als der damalige deutsche Außenminister

Hans-Dietrich Genscher, den ich als einen der glühendsten Vertreter eines Vereinten Europas bis heute zutiefst verehre, auf den Balkon trat und den etwa 4000 DDR-Flüchtlingen vor laufenden Kameras sagte: »Wir sind gekommen, um Ihnen mitzuteilen, dass heute Ihre Ausreise ...« Der Rest des Satzes ging im Jubel unter.

Der zweite legendäre Halbsatz stammt von Günter Schabowski, einige behaupten, er sei ihm aus Versehen rausgerutscht. Jedenfalls erklärte er im Rahmen einer Pressekonferenz des ZK bezüglich einer neuen Ausreiseregelung: »Das tritt nach meiner Kenntnis ... ist das sofort, unverzüglich.«

Das war's! Alles was danach geschah, ist heute Geschichte. Wir waren damals in der glücklichen Lage zu wissen: Das. Ist. Geschichte. Wahnsinn.

Als uns in den nächsten Tagen bestätigt wurde, wir dürften trotzdem – oder vielleicht gerade deswegen – nach Ostberlin reisen, waren wir wie elektrisiert. Ich hatte allerdings im Vorfeld der Reise einen naiven Fehler begangen. In Westberlin konnte man damals zu einem guten Kurs Westmark in Ostmark umtauschen – in den DDR-Staatsbanken direkt an den Checkpoints bekam man immer nur einen Kurs von 1:1 ausgezahlt (manch einer erinnert sich bestimmt noch an den Zwangsumtausch). Ich war immerhin ein armer Student. Also entschloss ich mich kurzerhand, am Bahnhof Zoo 50 DM einzutauschen, und ich bekam dafür sage und schreibe 220 Ostmark. Pflichtbewusst, wie ich war, meldete ich die Summe natürlich auch sogleich im Devisenschein an. Durch die beiden Aktionen hatte ich allerdings den Anschluss zu meiner Klasse verloren. Also fuhr ich fix alleine zur Friedrichstraße, dem nächstgelegenen Grenzübergang. Als ich ausstieg, wurde ich in einem Strom dichtgedrängter Menschen vorangetrieben. Es war ein Kommen und Gehen, wie in einem Taubenschlag.

Die Grenzanlage war natürlich schwer gesichert. Man musste vor einer der zahlreichen Schleusen warten, bis sie sich öffnete. Ich trat ein, und augenblicklich fiel die schwere Stahltüre hinter mir ins Schloss ... es fühlte sich unbehaglich an. Grelles Neonlicht blendete von oben. Der Checkpoint.

»Papiere!«, bellte der Uniformierte.

Ich händigte ihm meinen Pass und das Devisenblatt aus. Der Beamte plusterte sich auf: Das sei ja Devisenschmuggel!

Ich weiß noch, wie es mir zunächst heiß und kalt durch den Rücken schoss. Ich wollte einen auflockernden Witz reißen und meinte salopp: »Herr Wachtmeister, Sie sehen ja den offiziellen Stempel in meinem Pass! Wir sind von Ihrer Regierung offiziell eingeladen, an dem ersten Schauspielschultreffen auf sozialistischem Boden teilzunehmen. Und wir haben den 20. November! Ich dachte, die ganze Sache hat sich am 9. November erledigt?«

Daraufhin errötete der Wachmann und schrie los. Was sich hier erledigt habe, entscheide immer noch er. Und laut Paragraph soundso, Absatz keine Ahnung, habe ich mich des vorsätzlichen Devisenschmuggels schuldig gemacht. »Darauf steht Zuchthaus!«, schrie er.

Durch die Schreierei wurde ein weiterer Offizier auf uns aufmerksam, der nun ebenfalls in dem kleinen Schleusenabteil auftauchte. »Was ist hier los?«, fragte er in breitem Sächsisch.

Ich fing an zu schwitzen und sagte: »Nun, ich habe es schon Ihrem Kollegen versucht zu erklären, ich bin Schauspielschüler, und wir wurden von der Regierung der Deutschen Demokratischen Republik eingeladen, wie Sie gerne dem Stempel entnehmen können ...« Da 14 Tage Aufenthalt geplant waren, hätte ich eben schon einmal 50 Mark gewechselt und hier angegeben.

Der zweite Offizier tauschte einen ernsten Blick mit seinem Kollegen und meinte lakonisch: »Das ist Devisenschmuggel, und darauf steht Zuchthaus!«

Ich wurde kreidebleich! Hatte ich etwa alles falsch verstanden? War die Mauer gar nicht gefallen? War alles nur westdeutsche Propaganda, und ich hatte mich soeben um ein Leben in Freiheit gebracht? Es gab damals noch keine Mobiltelefone, ich konnte niemanden informieren. Mir wurde klar, ich hatte riesigen Mist gebaut! Würden meine Mitschüler auf mich warten, wenn das jetzt länger dauerte? Würden sie mir helfen, wenn ich in Untersuchungshaft käme? Würde ich eine Staatskrise auslösen? Würde Erich Honecker mich für eine weitere Milliardenhilfe freilassen? Würden Sie mich als abschreckendes Beispiel standrechtlich erschießen?

Der zweite Offizier schimpfte eine Weile weiter, forderte mich auf, meine Aussage schwarz auf weiß zu betätigen. Doch er wurde immer dreister. Nach ein paar Minuten wurde mir plötzlich klar, dass er nur eine Show abzog, dass er schauen wollte, wie weit er mit dem westdeutschen Milchbubi gehen könne.

Also nahm ich meinen Mut zusammen und sagte mit fester Stimme: »Gut! Wie Sie an meinem Pass sehen, bin ich Engländer, ich bin Angehöriger der Siegermächte und habe Alliiertenstatus. Ich verlange augenblicklich mit Ihrem Vorgesetzten zu sprechen und den britischen Botschafter zu verständigen!«

Schließlich tauchte ein noch älterer Offizier auf. Er forderte Meldung an. Der erste Soldat sprang auf, knallte die Hacken und schilderte den Vorgang. Der alte Goldfasan brüllte die beiden dermaßen in Grund und Boden, dass Sie mir fast leidtaten. Die Sache hatte sich dann recht schnell erledigt. Er gab mir meine Papiere zurück und sagte: »Herzlich willkommen in der DDR! Genießen Sie Ihren Aufenthalt, solange es uns noch gibt! Sie erleben jetzt Geschichte.«

Meine Freunde hatten tatsächlich gewartet. Jetzt hatte ich etwas zu erzählen! Dies also war meine deutsch-deutsche Grenzerfahrung. Deutsch-britische hatte ich ja davor schon einige und danach noch mehr als genug – sicher nicht so martialische, aber dennoch eindrückliche.

Viel mehr als ein Deutscher definiert sich der Engländer auch heute noch über seinen Dialekt und sein Vokabular – nicht im geographischen Sinne, sondern im sozialen. Und an einem schönen Abend vor ein paar Jahren wurde mir das noch einmal ganz deutlich aufgezeigt. Ich war vom britischen Botschafter zu einem Dinner in der Neuen Nationalgalerie eingeladen, wir saßen zwischen einer Installation aus echten Bäumen an zwei Riesentafeln. Es gab phantastisches Essen auf dekadent gedeckten Tischen. Wim Wenders war da, einflussreiche Menschen aus Wirtschaft und Politik, und darunter gesprenkelt ein paar Künstler wie ich.

Ich saß vermutlich vollkommen zufällig neben Sir David Chipperfield, einem hochdekorierten englischen Architekten, einer Ikone. Er war damit beauftragt worden, das legendäre Gebäude von Mies van der Rohe umfassend zu renovieren. Aus seinem vornehmen Gehabe wurde schnell klar, dass er von seinen Sitznachbarn, also von mir, ausschließlich wohltemperierte Gespräche und tadelloses Benehmen erwartete. Mit Manchester United oder meinem letzten Rosamunde-Pilcher-

Film brauchte ich dem nicht zu kommen. Und auch nicht mit meinem Dialekt aus Lancashire.

Ich habe im Englischen eine gutbürgerliche, recht normale Sprache. Der nordenglische Akzent – ich liebe ihn – ist ein bisschen verschliffen wie das Bairische, etwas schrullig: »Pass me the butta, plieeß«, »I luv ya« – so in der Art. Wenn ich es einfach laufen lasse, dann komme ich, ehrlich gesagt, schon ein wenig straßenkötermäßig rüber.

Außerdem war mein Englisch etwas eingerostet. Es bedarf etwa zwei, drei Tagen Aufenthalt in London, dann ist alles wieder da.

Ich persönlich kann mir nicht vorstellen, dass man seine Muttersprache verlernen kann. Ich habe einmal Deutsche in Amerika kennengelernt, ältere Herrschaften, die in den sechziger Jahren ausgewandert und nie zurückgekommen sind. Sie behaupten, kein Deutsch mehr zu können. Aber vielleicht wollen sie es auch einfach nur nicht. Wer weiß.

Chipperfield also. »Oh really? I am so enchanted, very intriguing, understandably, quite rightly, so refreshingly simple, brilliant, very sophisticated, marvellous, wonderfuuuul ...« – so in etwa lief das Gespräch mit dem Architekten aus gutem Hause. Wir haben uns dann durchaus eloquent unterhalten. Aber ich musste mich den ganzen Abend stark darauf konzentrieren, im richtigen Vokabular zu bleiben. Es gab tolle Reden, eine davon vom Britischen Botschafter Sir Simon, viele Gänge, wunderbaren Wein. Ich wurde mit zunehmender Dauer selbstsicherer und lockerer, ich lachte immer lauter, der Wein tat sein Übriges – und irgendwann beging ich dann den entscheidenden Fehler. Ich sagte ein Wort, ein einziges, das dem Architekten sofort klarmachte, dass ich den ganzen Abend eine

Rolle gespielt hatte. Ich sagte, eigentlich eher zu mir selbst als zu ihm: »bloody«. Wahrscheinlich war es so etwas wie »bloody right«, frei übersetzt: »verdammt noch mal richtig, was Sie da sagen«.

Da wurde ich schlagartig vom Insider zum Outsider. Chipperfield zuckte zusammen, sah mich noch einmal kurz an, drehte sich ab und sprach den ganzen Abend kein Wort mehr mit mir.

Ooops, dachte ich mir. So schnell kann es gehen.

Es gibt in Deutschland noch vereinzelt Gesellschaften, in denen einem Ähnliches passieren kann. In Städten wie Hamburg vielleicht, wo eine lang gewachsene und eng verflochtene Oberschicht immer noch gerne unter sich bleibt. Aber insgesamt ist Deutschland diesbezüglich, Gott sei Dank, sehr viel toleranter und durchlässiger. »Wann i amoi kurz ofang anders zum redn, dann nimmt ma des normals Weis koana krumm!« Man kann auf diesem Weg für Gelächter oder für erstaunte Gesichter sorgen. Aber dass sich jemand dauerhaft abwendet, weil man auf einem Staatsempfang des Bundespräsidenten in einem Zwiegespräch »Zefix« sagt – okay, das ist natürlich denkbar, aber richtig vorstellen kann ich mir das nicht.

Mein Vater ging 1958 von Nordengland nach Cambridge, um zu studieren. Immer wenn er danach zurückkam, um die Familie zu besuchen, durfte er nicht mehr Nordenglisch sprechen, weil man es als Beleidigung empfunden hätte, dass ein Studierter den Heimatdialekt spricht – nach dem Motto: Der will mich und meinen Stand veräppeln. Man stelle sich umgekehrt vor, der Sohnemann kehrt nach dem Studium in Berlin nach Hause zurück und spricht plötzlich Hochdeutsch, obwohl er bis zu seiner Abreise immer Niederbairisch gesprochen hat. Die Leute im Dorf würden zu ihm sagen: »Schau an, der feine Herr, am besten gehst jetzt wieder dahin, wo du grad hergekommen bist ...«

Wenn ich allerdings nach Nordengland reise, spreche ich wider besseres Wissen Nordenglisch. Ich kann ja gar nicht anders, es ist nun mal der Dialekt, der mir in Dutzenden Aufenthalten unter die Zunge gekrochen ist. Und ich liebe ihn! Luther würde sagen: »Hier stehe ich und kann nit anders!« (Obwohl auch dieses Zitat umstritten ist.)

Doch die Einheimischen meinen, ich mache mich über sie lustig. Dabei ist es für mich eigentlich eine Herzensbekundung, im Sinne von: Ich bin gerne einer von euch.

Doch ich bin keiner von ihnen, ich bin: der Deutsche. Quasi nur zufällig der Sohn jenes Mannes, der bei ihnen aufgewachsen ist.

Dabei geht es in England gar nicht darum, ob man aus einer bestimmten Region kommt, nein, der Dialekt in England ist vielmehr Ausdruck der *sozialen* Herkunft. Und zwar in einem Ausmaß, das in Deutschland nicht denkbar ist, das man geradezu als diskriminierend empfinden würde. Politiker wie Helmut Kohl, den ich um seine Verdienste für ein friedliches Europa sehr verehre, oder Günther Oettinger (ich beziehe mich gerade auf sein Deutsch, nicht sein Englisch) hätten es in England deutlich schwerer gehabt, es bis in Führungspositionen zu schaffen. Vor einigen Jahren wurde im britischen Unterhaus eine Debatte entfacht, weil sich die nordenglische Labour-Abgeordnete Pat Glass darüber aufregte, dass sie von konservativen Macho-Abgeordneten ständig wegen ihres Dialekts verballhornt wurde. Selbst der ehemalige Premierminister David Cameron wurde bezichtigt, »ungentlemanly behaviour« an den Tag gelegt zu haben. Im wahrsten Sinne nicht standesgemäß, könnte man sagen – der reiche Sohn Cameron wurde immerhin vom Eliteinternat Eton erzogen.

Das weltoffene, schrille London mag über die streng hierarchischen Zustände in England ein wenig hinwegtäuschen. Doch auch dort hatte ich in meiner Nachtschwärmer-Zeit in den Bars und Clubs der Stadt die besten Diskussionen mit Afghanen, Türken, Griechen, Deutschen, Schotten. Jeder sprach, wie ihm der Schnabel gewachsen war, niemand störte sich an ungewöhnlichen Dialekten, man verstand sich ja. Doch es gibt sie eben noch, die Gesellschaftsschichten, die einem aufgrund der Sprache verschlossen bleiben. Man denke nur an die zahlreichen Privatclubs, in die man ohne entsprechenden Standesdünkel in einer Million Jahren keinen Zutritt hätte.

In alltäglichen Situationen, abseits der Sieben-Gänge-Menüs, mache ich gerne ein Spiel daraus. Wenn mich zum Beispiel ein Engländer fragt: »Woher kommst du?«, dann antworte ich: aus Deutschland.

»Du sprichst aber sehr gut Englisch.«

»Ja, ich bin auch Engländer.«

»Woher kommst du genau?«

»Aus München.«

»Ach ja, ich habe auch so einen Akzent gehört«, heißt es dann mit einem verschmitzten Lachen. Viele Engländer sehen mich in diesem Moment schlagartig als Ausländer an. Weil sie bei mir einen Akzent gehört haben wollen.

Ich bin viel zu deutsch – und das meine ich im positiven Sinne –, um mir diese Denke anzugewöhnen. Ich bin auch in meiner Kindheit und Jugend nicht oft und lange genug in England gewesen, um davon geprägt zu werden. Die soziale Herkunft ist mir bei einem Menschen herzlich egal, wenn ich ihn mag, und noch egaler sind mir seine Sprache oder sein Dialekt.

Trotzdem hat dieses englische Hierarchiebewusstsein Spuren hinterlassen, und zwar in Form von Stolz. Wenn ich schon nicht stolz bin oder sein darf auf meinen englischen Dialekt, dann doch auf den bayerischen. Und ich finde, man darf auch stolz sein auf seine Herkunft. Da wiederum stehen sich die Engländer, mögen sie noch so klassenbewusst sein, insgesamt sehr viel näher als die Deutschen. Obwohl – und das ist auch gut so – spätestens seit dem Sommermärchen 2006 endlich auch Deutsche mit Wohlwollen auf ihr Land blicken dürfen; die gelungene und heitere Fußball-WM hat das internationale Ansehen Deutschlands stärker aufgewertet als vieles andere und das Heimats- und Identitätsgefühl neu aufgeladen. Ein weiser Mensch sagte einmal: »Tradition bedeutet nicht, die Asche aufzuheben, sondern das Feuer zu erhalten!« Im Übrigen ist es so, dass mich nichteuropäische Freunde oft darauf ansprechen, warum die Deutschen so wenig patriotisch sind. Klar, der Deutsche hat die Demokratie nicht erfunden, eigentlich hat man sie ihm sogar aufzwingen müssen. Doch nachdem sie sie endlich einmal akzeptiert hatten, kommen sie eigentlich ganz gut miteinander zurecht.

Eine meiner großen Schwächen ist der englische Pomp, weil er so herrlich kitschig ist. Meinen Freunden daheim in München ist es schwer zu vermitteln, warum ich zum Beispiel das *Trooping the Colour* so liebe und ihm mehrmals auch schon beigewohnt habe. Dabei handelt es sich um eine jährliche Parade im Juni zu Ehren des Königs oder der Königin. Tausende Soldaten und Hunderte Pferde nehmen teil, die Königin nimmt die Parade am Buckingham-Palast ab. Alle Waffengattungen der Armee werden gezeigt, sie marschieren unter musikalischer Begleitung die Pall Mall rauf und runter und zurück zum Exerzierplatz. Das ist schon großes Kino, ein Spektakel. Ich bin kein Royalist. Aber diese alljährliche Erinnerung – wir sind Engländer, wir haben gemeinsame Rituale und ein Königshaus, das zwar nicht wirklich etwas zu sagen hat – huldige ich dennoch gerne. Über die britische Militärgeschichte freilich müsste man sich noch einmal gesondert unterhalten – da gibt es einiges, worauf man wahrlich nicht stolz sein muss.

Das bayerische Äquivalent zum *Trooping the Colour* ist ganz klar die Wiesn! Beim Trachtenumzug und dem Einzug der Wiesn-Wirte beschleicht mich ein ähnlich heimeliges Gefühl wie bei der Parade in London. Wobei man zugeben muss, dass es bei der Wiesn nicht mehr vielen Menschen darum geht, der Hochzeit von Kronprinz Ludwig und Prinzessin Therese zu gedenken, sondern um den Konsum von Gerstensaft und Fünffachlooping. Das Bier übrigens, auf das wir in Bayern so stolz sind, hat es zu Beginn des Oktoberfestes übrigens noch gar nicht gegeben. So ändern sich Traditionen …

Eigentlich wäre ja das deutsche Staatsoberhaupt derjenige, der nach englischem Vorbild eine Parade abnehmen müsste. Die Königin und der Bundespräsident sind beide politisch faktisch funktionslos und eher eine moralische Instanz. Doch der Große Zapfenstreich kann nicht annähernd mit dem *Trooping the Colour* mithalten. Und man kann sich nur schwer vorstellen, wie Herr Steinmeier den Einmarsch der Wiesn-Wirte an sich vorüberdefilieren lässt.

Die Teilhabe an Traditionen macht natürlich für viele ein

Stück Heimatgefühl aus. Gleichzeitig haben die meisten Familien, und ganze Völker haben eine lange, verzweigte Vorgeschichte, die wir in uns tragen. Manchmal frage ich mich, ob daher unsere Sehnsucht kommt, zu reisen. Die Briten reisen viel, die Deutschen sogar sehr viel. Man könnte ihren Urlaubswahn als Schnitzeljagd unserer vielen Völkerwanderungen bezeichnen.

Von der Völkerwanderung haben die Engländer nur Ausläufer mitbekommen, sie marschierten meist freiwillig los, um zu erobern. Doch auf den britischen Inseln ist es schon kompliziert genug, wie man an meinen Vorfahren beispielhaft sehen kann: Die Mutter meines Vaters hat irische Wurzeln, mein Großvater väterlicherseits schottische. Ich habe also schottische und irische Vorfahren, während mein Vater in England geboren wurde. Ähnlich chaotisch wäre es, arrogante Oberbayern mit sturen Niederbayern zu kreuzen und dann in der Hauptstadt München zu leben. Und was soll ich sagen: Das trifft ebenfalls alles auf mich zu. Welch ein genetisches Chaos!

Wie sehr wir alle, selbst der verbohrteste Nationalist, von unterschiedlichen Rudeln abstammen, das hat ein Clip auf YouTube namens »DNA Journey« gezeigt. Darin kommt unter anderem ein Engländer Typ Hooligan vor, der zu hundert Prozent davon überzeugt ist, zu hundert Prozent Brite zu sein. Dann spuckt er in ein Röhrchen, und anhand seiner DNA wird ihm zwei Wochen später erklärt, dass er nur zu dreißig Prozent Brite ist – und zu fünf Prozent Deutscher! Von denen, hatte er vorab gesagt, sei er nun wirklich »kein Fan«. Tja, ein bisschen Deutsch steckt quasi in jedem Engländer, der nicht aus einer ehemaligen Kolonie stammt. Was schlicht daran liegt, dass einst die Angeln und die Sachsen England besiedelten.

Die Prozentangaben, die in diesem Clip für viele Menschen abgegeben werden, sind zwar Unsinn, wie ich später in einem Zeitungsartikel gelesen habe, denn DNA kann nicht einem bestimmten Land zugeordnet werden – da wurde zugunsten des emotionalen Effekts ein wenig inszeniert. Aber das verstärkt die Idee vom Weltbürger sogar noch: Wenn das Erbgut eines einzelnen Menschen gar nicht einem Land zugeordnet werden kann – wieso sollten wir uns dann zu hundert Prozent mit einem einzigen Land identifizieren? Vielleicht gibt es ihn gar nicht, *den* fleißigen Deutschen, *den* stolzen Engländer, *den* faulen Griechen …

»Der hat gut reden«, werden einige jetzt sagen, »reist ständig mit Filmteams um die ganze Welt und erzählt dann seiner deutschen Zielgruppe, wie sehr er Schweinsbraten mag und wie gerne er schafkopft, weil das so authentisch rüberkommt.« Aber ich finde eben: Regionaler Stolz und Weltbürger sein schließt sich nicht aus. Es passt zusammen.

Brexit go home

England und Europa

Der Mensch war nie ein Einzelgänger. Vor langer, langer Zeit mussten wir uns zusammentun, um uns zum Beispiel gegen den Säbelzahntiger zu verteidigen. Und wenn man etwas zu Beißen haben wollte, hat man das Mammut auch nicht im Alleingang erlegt. Also hat man sich in Gruppen zusammengefunden, die gemeinsam jagten, in denen gemeinsam die Kinder großgezogen wurden ... Ein Großteil unseres Stresses in modernen Gesellschaften kommt meiner Meinung nach daher, dass wir vieles nicht mehr als Großfamilie gemeinsam erleben. Deswegen empfinden viele von uns vielleicht das Leben in der anonymen Großstadt als anstrengender im Vergleich zum Leben im Dorf. Es gibt in der Stadt zwar mehr Menschen, die sich aber oft weniger gegenseitig helfen. Das führt dazu, dass man sich zwar nicht hasst – sich meistens aber auch nicht viel zu sagen hat. Peter Fox sang einmal in »Schwarz zu Blau«: »Jeder hat 'nen Hund, aber keinen zum Reden!«

Gut, ich wette, alle Hundebesitzer rufen jetzt unisono: »Hunde sind die besseren Menschen!« Und wenn ich mich so umsehe, könnten sie manchmal sogar recht haben ...

Im Verbund ist vieles leichter. Irgendwann wurden aus

diesen Jagdgruppen dann wohl Bayern, Sachsen oder Schotten – was auch immer. Weil der Mensch sesshaft wurde und sein Gehirn auch so etwas wie Politik ersann, sprich: sich der Frage widmete: Wie kann man das Gemeinwesen regeln? Diese Gruppen sind auf natürlichen Wegen entstanden. Der Mensch will von Natur aus wissen: Zu welchem Rudel gehöre ich? Es ist die Angst vor dem Alleinsein, die uns das fragen lässt. Weil im nächsten Moment der Säbelzahntiger ums Eck springen könnte.

Als Mensch mit doppelter Heimat und mit doppeltem Herzen möchte ich sagen, dass solch ein Zugehörigkeitsdrang nie dafür genutzt werden darf, um gegen andere zu hetzen. Eigentlich (hoffentlich!) hat sich unser Gehirn ja weiterentwickelt; wir müssen heutzutage keine Keulen mehr auspacken. Klar gehört der Mensch zu einem bestimmten Rudel. Aber alle diese Rudel sitzen gemeinsam auf einer einzigen, kleinen blauen Murmel, die durchs Sonnensystem rast. Können wir uns da den Luxus leisten, uns pauschal voneinander abzugrenzen?

Für solch eine Abgrenzung pflegen viele Menschen Vorurteile. Manche davon sind harmlos, manchmal sogar witzig, weil sie uns einen Spiegel vorhalten und uns manchmal über uns selbst lachen lassen. Mir geht es so, wenn ich *Asterix bei den Briten* lese. Dann lache ich manchmal schon los, weil ich weiß, was als Nächstes kommt: lauwarme Cervisia (aber noch mal: Inzwischen gibt's in London auch kaltes Bier!), heißes Wasser mit Milch und Wildschwein mit Pfefferminzsauce ... Aber klar, das sind eben die harmlosen Vorurteile, die hier bespielt werden.

Es gibt auch weniger nette Vorurteile. Das Bild des Engländers vom Deutschen war lange Zeit ziemlich tradiert, und selbst heute kommen davon noch Versatzstücke vor. Den Deutschen in mir regt das unheimlich auf, er fühlt, dass hier jemand ungerecht behandelt wird. All diese Querverweise zu den Nazis etwa – Merkel gleich Hitler, Schäuble gleich Goebbels – sind halt nicht mehr augenzwinkernd, sondern niveaulos und verleumderisch. Und irgendwie auch präpotent und lächerlich. Die Deutschen sind meines Erachtens heutzutage ein ziemlich tolerantes Volk. Ein Volk, bei dem es sich – im Großen und Ganzen jedenfalls – gut leben lässt.

Mein Eindruck ist aber auch, dass pubertäre Späße wie Merkel mit Hitlerbart in England allmählich weniger werden. Der Boulevard-affine Engländer hat nämlich seit einiger Zeit ein Problem, weshalb er diese Merkel nicht mehr so richtig als Nazi-Gouvernante abstempeln kann. Denn es geht sogar dem dumpfesten Sun-Leser in den Kopf, dass eine Frau, die so viele Flüchtlinge ins Land lässt und diese nach Möglichkeit auch noch gut behandeln will, keine Hakenkreuzbinde trägt – das lässt sich einfach nicht mehr verkaufen. Womöglich dämmert es einigen, dass Merkel nur eine deutsche Variante Margaret Thatchers ist, also eine, die ziemlich stur ihren Willen durchsetzen kann, wenn sie will. Und dafür kann man in Zeiten wie diesen vielleicht ein Stück weit dankbar sein. Es gibt derzeit genügend kopflose Anführer auf dem Affenfelsen Menschheit.

Das alles wurmt den Engländer, der in meinen Augen inzwischen mit Blick auf den Deutschen schon richtiggehende Minderwertigkeitskomplexe mit sich herumschleppt. War es nicht er, der Engländer, welcher den Krieg gewonnen hat? Warum geht es den Deutschen, deren Land wir hernach noch so lange besetzt hatten, dann aber so gut, womöglich sogar besser? Wenn es wirklich drauf ankommt, scheint es momentan – jedenfalls von außen betrachtet – irgendwie immer glatt zu laufen bei den »Krauts«. Im Elfmeterschießen zum Beispiel, vorzugsweise gegen England. Das Spiel dauert mindestens neunzig Minuten, und am Ende gewinnen die Deutschen – diese Erkenntnis stammt von niemand Geringerem als Englands Fußballlegende Gary Lineker.

Warum scheint der Deutsche seine Probleme in den Augen der frustrierten Engländer bloß immer alle in den Griff zu bekommen? Warum findet es plötzlich die ganze Welt super, wenn Deutschland eine Fußball-WM mit dem Motto »Die Welt zu Gast bei Freunden« austrägt? Man hat die Wiedervereinigung ohne Blutvergießen über die Bühne gebracht, ist beim Export ganz vorne mit dabei, hatte in den Neunzigern die besten Techno-DJs, und Berlin gilt in Phasen als genauso hip wie London. Selbst Papst war er zwischenzeitlich schon, der Deutsche.

Und der Engländer? Wird, wenn er aufs Oktoberfest geht, weil er Pomp und Bier ja so gerne mag, vom Deutschen hinterrücks ausgetrickst. Er trinkt das Bier auf der Wiesn so, wie er es zu Hause gerne trinkt, da schafft er ja auch problemlos zehn Pints an einem Abend. Und wundert sich dann, dass er im Schützenzelt unterm Tisch landet. Der hohe Alkoholgehalt des Wiesn-Biers lässt den Besucher von der Insel einen tiefen Respekt empfinden, den er nicht wahrhaben will. Er hat den Deutschen mal wieder unterschätzt. Das ist für ihn ein besonders deprimierender Rausch.

Aber wieso hat der Engländer eigentlich Komplexe, wenn es anderen gutgeht? Warum ist er bloß so griesgrämig geworden? Was ist los mit England, dem einstigen Nabel der Welt?

Tja, ich fürchte: Der Nabel der Welt hat sich gedanklich von vielem abgenabelt. Das Empire war riesig, doch sein Denken wurde insbesondere zuletzt immer kleingeistiger. Man glaubt, alles erfunden zu haben: die moderne Demokratie, den Fußball, die Dampfmaschine, die Schwerkraft. In Sachen Selbstwahrnehmung steht man mindestens auf einer Stufe mit den antiken Griechen. Doch wenn man genauer darüber nachdenkt, kommt mittlerweile nicht mehr allzu viel Gutes aus England. Und wenn doch, dann meistens nur dank der dort lebenden und arbeitenden Ausländer, so wie in der Finanzbranche oder in der Premier League. Ein wenig Erdöl gibt es glücklicherweise noch, das weltweit exportiert wird und Arbeitsplätze sichert, aber dafür können die Engländer ja nichts.

Das selbstgeschaffene britische Empire war schon immer viel größer als die EU. Franzosen, Spanier, Deutsche, sie alle waren irgendwann einmal Konkurrenz auf dem Weg, Weltmacht zu werden, sie wollten die stolzen Briten klein halten oder gar unterjochen – jedenfalls denken das dort manche. Eine gemeinsame europäische Idee hatte deshalb auf der Insel nie eine faire Chance, genug Freunde zu gewinnen – man war sich ja selbst genug, mit all seinen Kolonien und den vielen Sorten Orangenmarmelade. Und dass dann auch noch Kohl und Mitterrand, Deutsche und Franzosen, diese Erzfeinde also, den europäischen Gedanken und seine fiskalische Handschelle, den Euro, auf den Weg brachten – das war vielen des Guten zu viel.

Die meisten Engländer haben schlicht vergessen, wie gut es uns allen in Europa geht. Dass wir uns von Sizilien bis zum Nordkap, vom Atlantik bis ans Schwarze Meer ohne Visum bewegen können. Eine gemeinsame Währung haben. Reisefreiheit, Arbeitserlaubnis und eine EU-weite Rechtssicherheit genießen. All dies und noch viel mehr wäre vor wenigen Jahrzehnten noch undenkbar gewesen.

Mittlerweile beschwert sich der Engländer aber darüber, dass weite Teile seiner Städte fest in pakistanischer Hand seien. Nun ja, Bewohner des Commonwealth wie Pakistaner, Nigerianer oder auch Bewohner von so exotischen Orten wie Vanuatu oder St. Vincent and the Grenadines dürfen uneingeschränkt einreisen. Viele Engländer stört das. Doch die Regelungen wurden nicht geändert. Vielleicht auch deswegen, weil all diese Einwanderer den Laden nicht unerheblich am Laufen halten?

Die Eton-Boys David Cameron und Boris Johnson (genannt BoJo ...) sind es, die in einer geradezu flegelhaften Art und Weise Generationen von hoffnungsvollen jungen Männern und Frauen um ihre Zukunft betrogen haben! Das wird die Geschichte beweisen, ich behaupte es bereits heute. Es ging den beiden lediglich um die Befriedigung ihrer jeweiligen Profilneurose. Der Clown Johnson und sein Frühstücksdirektor namens Nigel Farage sind eigentlich auch nur Teil des in weiten Kreisen verpönten Londoner Establishments. Doch sie entdeckten eine Marktlücke, um ihre Karriere voranzutreiben: Sie nutzten die teilweise berechtigten Sorgen der Bevölkerung aus, um alte Menschen und Arbeitslose aufzustacheln und gleichzeitig ihre Londoner Privatfehden auszutragen.

Bald wurde die EU zum Sündenbock für alles. Dass einige Probleme hausgemacht sind, dass das Land zum Beispiel kaum wichtige Exportgüter hat (der Whisky kommt aus Schottland!) und wenig Innovationen bietet, auf die Idee kommt man am Nabel der Welt nicht.

Der Clown und der Dompteur haben gewonnen. Und jetzt haben wir den Zirkus. Er heißt Brexit.

Ich hatte leider von vornherein ein sehr starkes Gefühl, dass das Referendum ins Auge gehen könnte, dass die Engländer tatsächlich mehrheitlich für *Leave* stimmen könnten, weil im Land unglaublich viele eklatante Desinformationen verbreitet worden waren.

Doch obwohl ich es irgendwie geahnt hatte, war ich vom Ergebnis zutiefst schockiert.

An dem bereits erwähnten Abend in der Nationalgalerie in Berlin lernte ich seinerzeit Gisela Stuart kennen, eine britische Abgeordnete im Unterhaus, die aber früher Gisela Gschaider hieß und aus Velden in Niederbayern stammt. Das wiederum liegt nicht einmal fünfzig Kilometer östlich von Freising, wo ich die längste Phase meiner Schulzeit verbracht habe. Sie ist eine sehr aufgeweckte Frau, mit der man sich angeregt unterhalten konnte, und wir haben nach diesem Abend regelmäßig Kontakt gehalten. Bis ich erfuhr, dass sie sich als Labour-Politikerin für den Brexit ausgesprochen hat.

Am Tag nach der Abstimmung schrieb ich ihr eine SMS. Ich fragte sie, wie sich das anfühle, sein Land verraten zu haben. Sie gab mir zu verstehen, dass sie von meiner Frage schockiert sei. Stuart und ich haben rein biographisch viel gemeinsam. Und doch ist sie in gewisser Weise das genaue Gegenteil von mir.

Ich muss es deutlich sagen: Die Aussteiger-Fraktion hat künftige Generationen verraten und verkauft. Die Geschichte wird zeigen, dass junge Engländer künftig abgehängt sein werden, weil Hasardeure wie Johnson und Farage Schindluder getrieben haben mit einer großartigen Idee namens Europa.

Hans-Dietrich Genscher hat einmal gesagt, Europa sei unsere einzige Chance, wir hätten keine andere. »Was bringt uns das?«, fragen Gegner immer wieder. Siebzig Jahre Frieden zum Beispiel – wie viele Regionen dieser Welt sehnen sich danach! Und das hat nur funktioniert, weil Nationalstaaten ihre Egos über Bord geworfen haben.

Im Übrigen liegt dem Brexit eine zutiefst unenglische Haltung zugrunde. Vor Problemen davonzulaufen, das gab es auf der Insel früher nicht. Nun denkt man, es reicht, den Kopf in den heimischen Sand zu stecken, dann wird alles wie früher.

Ein bisschen sind die Deutschen mittlerweile die Briten geworden: Sie nehmen die Zügel in die Hand, sie sehen nicht nur Gefahren, sondern auch Chancen bei der Bewältigung der Mammutaufgaben unserer Zeit. Klar, wer neue Wege geht, kann sich dabei auch verlaufen. Aber das ist immer noch besser, als stehen zu bleiben.

Insofern könnte man sagen, dass meine Ahnenreihe gerade rechtzeitig den Absprung von der Insel schafft. Ich scheine nicht der Einzige zu sein, der so denkt. In der Dämmerung des Brexit überlegt neuerdings auch mein Vater, die deutsche Staatsbürgerschaft zu beantragen. Um noch mal den Brexit-Faden aufzugreifen: Natürlich haben wir nicht nur positive Erfahrungen gemacht, als wir 2015 unseren Athen-Krimi drehten. Die Stimmung in Europa ist gereizt wie lange nicht mehr. Da waren zum Beispiel die Kellner, die uns nicht bedienen wollten, weil sie gehört hatten, dass wir Deutsche seien. Das war am Ende des ersten Drehtages, ich saß gemeinsam mit meinem Mitproduzenten auf der Dachterrasse unseres Team-Hotels, mit herrlichem Blick auf die Akropolis. Wir waren froh, dass es nach jahrelangen Vorbereitungen endlich losgegangen war. Immer, wenn ich im Ausland drehe oder Urlaub mache, eigne ich mir im Vorfeld ein paar Brocken der jeweiligen Sprache an. Das ist eine Form der Höflichkeit, die den internationalen Umgang miteinander erheblich erleichtert. So konnte ich verstehen, dass die Kellner in dieser Bar schlecht von uns sprachen. Ich verstand zwar nur ein paar Wörter, aber das genügte. Ich habe dann auf Englisch irgendwann eingeworfen, dass wir in diesem Hotel 600 Zimmer gebucht hätten und es doch nett wäre, zumindest ein Bier zu bekommen. Doch man überhörte uns geflissentlich. I was not amused. Seine politische Wut an Gästen auszulassen, die noch dazu Geld ins Land bringen, ist keine nachahmenswerte Kunst.

Doch dann bestellte ich auf Griechisch Bier und Weißwein – und plötzlich hatte der Kellner ein Lächeln auf den Lippen und wir etwas zu trinken. Geht doch, dachte ich mir – und musste tatsächlich grinsen über unsere menschlichen Schwächen.

Trotz des holprigen Anfangs waren meine Erfahrungen in Griechenland eindeutig positiv, und das in einer Zeit, in der ein möglicher »Grexit« zum großen Thema geworden war. Griechenland, die Wiege der Demokratie, drohte vom europäischen Festland abzufallen. Menschen gingen fast jeden Abend auf die Straße, ich sah Tränengas-Einsätze der Polizei südlich des Syntagma-Platzes, und viele Protestierende schimpften auch gegen die deutsche Regierung. Viele dort sind, wie auch bei uns in Deutschland, von der Boulevardpresse indoktriniert. Doch die ganze aufgeheizte Diskussion mit Schlagwörtern wie »Rettungspaket«, »Nazis« und »faule, korrupte Griechen« – das hat man so vor Ort gar nicht angetroffen. Zwei Drittel unseres Filmteams waren Griechen, die überhaupt keine Probleme hatten, mit den Deutschen zusammenzuarbeiten. Auch die meisten Menschen auf der Straße behandelten uns völlig normal, in vielen Fällen sehr freundlich.

Die wochenlangen Dreharbeiten in Griechenland zeigten mir, dass wir sehr schnell zueinanderfanden, dass wir gewissermaßen mehrheitlich zusammengehören, wie es sich für Demokratien gehört. Der Rest ist eine Mischung aus berechtigter Kritik und lästigen Störfeuern, und es ist manchmal schwer, die beiden in aufgeheizten Diskussionen zu trennen. Ich hoffe jedenfalls, dass Fernsehfilme wie der Athen-Krimi einen kleinen Beitrag zur Völkerverständigung leisten. Petros Makropoulos und Max Richter, die beiden Kommissare in diesem Film, raufen sich ja letztlich auch zusammen, obwohl sie sich zu Beginn nicht sonderlich mögen.

In Athen habe ich auch gelernt und verstanden, dass viele Länder innerhalb der EU sehr abhängig sind von den Entscheidungen, die in Deutschland getroffen werden. Deutschland trägt also eine große Verantwortung.

Die politische Entwicklung zeigt uns, dass wir mehr zusammenhalten müssen denn je. Trotz – oder gerade wegen – des Brexit. Und wer weiß, vielleicht gesellen sich ja die Briten eines Tages wieder hinzu. Unsere Geschichten gehören zusammen. Wir gehören zusammen. Wir sollten uns von nichts und niemandem auseinanderdividieren lassen. In Wahrheit sind wir Europäer nämlich ein großes, gemeinsames Rudel. Und je mehr jemand versucht, uns auseinanderzutreiben, umso mehr sollten wir zusammenstehen.

Home is where your heart is

Epilog

Natürlich habe ich mir oft die Frage gestellt: Wo komme ich eigentlich her? »Home is where your heart is«, sagt der Engländer gerne. Aber wenn zwei Herzen in einer Brust schlagen, dann muss das Gehirn die Rolle des Entscheiders übernehmen. Und das sagt: Ich habe in Deutschland viel zu viel erlebt, als dass ich mich hier nicht heimisch fühlen könnte.

Aber vielleicht ist das alles auch gar nicht so wichtig. Eigentlich will ich schlicht beides sein: Deutscher und Engländer. Und ich finde, das geht auch – egal, welchen Pass ich besitze.

Quellen

S. 84: Das Zitat von Bruce Lee stammt aus: www.youtube.com/watch?v=hGsfurCFNzg.

S. 134: Die Studie der Fairfield University findet sich in: Lea Henkel: »Point-and-Shoot Memories. The Influence of Taking Photos on Memory for a Museum Tour«, in: *Psychological Science*, Ausgabe 25, 2013, S. 396–402.

S. 163: Das Zitat von Beldemer Lippert stammt aus: books.google.de/books?id=J5sWAwAACAAJ&dq=Ewald+Dietrich:+Der+Hausierer+vom+Hunsr%C3%BCck.+Aus+dem+Leben+des+Josef+Lippert.+Simmern&hl=de&sa=X&ved=0ahUKEwilpM7fqanVAhVLthoKHXTzDXQQ6AEILjAB.

S. 166: Das Zitat von Ronald Reagan lautet im Original: »My fellow Americans, I'm pleased to tell you today that I've signed legislation that will outlaw Russia forever. We begin bombing in five minutes.« Es stammt aus der Radioansprache vom 11. August 1984, National Public Radio, abrufbar unter : www.npr.org/news/specials/obits/reagan/audio_archive.html.

S. 164: Die Zitate von Loriot stammen aus Loriot: *Loriots Dramatische Werke*, Zürich 1983.

S. 168: Das Zitat von Gerhard Polt stammt aus Gerhard Polt : »Toleranz«, auf: *Und wer zahlt's?*, Zürich 2000, Track Nr. 3.

S. 169: Das Zitat von Gerhard Polt stammt aus Gerhardt Polt: *D`Anni hat gsagt*, München 1992.

Christian Seltmann

»Where the fuck is the Führer?«
Als Touri-Guide in Berlin

Humor.
Taschenbuch.
Auch als E-Book erhältlich.
www.ullstein-buchverlage.de

Unter den Blinden – Leben und Leiden eines Touri-Guides

Was war noch mal BRD? Gibt's hier auch 'nen Aldi? Where the fuck is the Führer? Solche Fragen muss Christian Seltmann ertragen, während er Touristen durch's Verkehrs- und Geschichtschaos des Berliner Hauptstadtdschungels leitet. Amerikanische Fahrrad-Legastheniker kollidieren mit cholerischen Lieferwagenfahrern. Rentner aus Bottrop blockieren auf Segways die Friedrichstraße. Australische Reisealkoholiker suchen den totalen Absturz. Nein, Touri-Guide ist kein leichter Job in dieser Stadt – wird aber versüßt durch die Bezahlung und durch bildschöne Frauen auf Junggesellinnen-Abschied. Eins steht jedenfalls fest: Berlin geht nicht ohne Führer …

ullstein

Gesa Neitzel

Frühstück mit Elefanten

Als Rangerin in Afrika

Klappenbroschur.
Auch als E-Book erhältlich.
www.ullstein-extra.de

Safari Diaries

Alles hinschmeißen, nach Afrika gehen und sich zur Rangerin ausbilden lassen – ist das nun unglaublich mutig oder die Schnapsidee von jemandem, der vor dem Leben davonläuft?

Noch während Gesa darüber grübelt, landet sie kopfüber in ihrem afrikanischen Abenteuer. Sie lernt alles über Elefanten und Gelbschnabeltokos, lernt Spurenlesen und Sternenkunde und muss sich nicht nur einigen Prüfungen, sondern auch ihren Ängsten stellen. Sie erzählt von atemberaubenden Begegnungen mit Löwen, vom Barfußlaufen durch die Savanne, von langen Nächten unterm Sternenhimmel – und von einem Leben, das endlich richtig beginnt.

ullstein extra